Finde zum Ur-Licht in Dir

Die Handreichung GOTTES

Gabriele

Finde zum UR-LICHT in Dir

Die Handreichung GOTTES

Verlag DAS WORT GmbH

1. Auflage Juli 2007

Max-Braun-Str. 2, 97828 Marktheidenfeld
Tel. 09391/504-135, Fax 09391/504-133

Internet: http://www.das-wort.com

Druck: Santec Studio und Druckerei GmbH,
Marktheidenfeld

ISBN 978-3-89201-263-4

Inhalt

Vorwort

Trotz der Kriegs- und Naturkatastrophen, die diese Welt bedrohen, strömt das Licht der göttlichen Liebe mehr und mehr auf die Erde, in diese Welt, zu den Menschen, die guten Willens sind. Wer das Weltdesaster zu beobachten und auch zu analysieren vermag, der erkennt, daß wir Menschen vor einer mächtigen Zeitenwende stehen. Der Ruf des Christus Gottes lautet immer wieder: Rette sich, wer sich retten lassen möchte, bevor diese Welt vergeht!

In einer mächtigen Handreichung bietet Gott, unser ewiger Vater, durch Gabriele, Seine Prophetin und Botschafterin, einen Schulungsweg an, auf dem wir Menschen rasch unser Bewußtsein erweitern können, um Gott in uns näherzukommen. Immer mehr Menschen spüren: Der Rettungsanker in dieser schwierigen Zeit ist einzig Christus, der Lichtbringer im Seelengrund jedes Menschen.

Das vorliegende Buch gibt erstmals in schriftlicher Form den Inhalt einer Radio-Sendereihe wieder, die weltweit ausgestrahlt wurde (auch auf CDs erhältlich).

Ich bin die Ordnung
in Gottes
All-Ordnung.

Ordnung 1

Ordnung 1

Wer mit wachen Sinnen unsere Welt betrachtet, der stellt sich die Frage: Ist diese Welt mit einem sinkenden Schiff zu vergleichen, dessen Kapitän das Steuer aus den Händen glitt? Die Besatzung, das Volk, ist den Stürmen der hohen See, der Katastrophen, Kriege, des Terrors und des Mordes ausgesetzt. Kein Mensch weiß mehr, wohin das Schiff Welt eigentlich treibt.

Viele fühlen sich haltlos und einer Macht ausgeliefert, die nicht so recht zu ergründen ist. Denn leider ist es so weit gekommen, daß fast jeder Mensch dem anderen die Schuld gibt. Die Politiker geben die Schuld dem Volk, das sie finanziell immer mehr ausnehmen, und das Volk den Politikern, die machtbesessen und nur darauf bedacht sind, ihre Pfründe abzusichern und ihre Stellung zu halten, ganz zu schweigen von der Korruption, die bei jenen, die Geld und Güter besitzen, fast zum Privileg geworden ist.

Das Weltchaos, das immer mehr zum Weltdesaster wird – denn die Katastrophen mehren sich, Not, Krankheit, Siechtum und Mord sind Tagesthemen –, eskaliert von Tag zu Tag. Die Verrohung der Menschheit nimmt überhand. Jeder ist sich selbst der Nächste, was besagt, daß einer gegen den anderen kämpft, sei es in Gedanken, mit Worten oder gar in seinen Handlungen.

Fragt man die Kirchenoberen, woher das Desaster in dieser Welt kommt, unter dem so viele Menschen leiden, und warum Gott nicht eingreift, dann erhält man nach einem langen rhetorischen Redeschwall über das Warum und Wieso sinngemäß die spitzfindige theologische Antwort, Gott ließe sich nicht in Seine Geheimnisse schauen – was letztlich heißt: Er sei schuld an dem Weltspektakel, weil Er nicht eingreift; Er, Gott, ließe aus lauter Geheimniskrämerei die Menschen leiden und die Erde schänden.

Immer mehr Menschen fragen nach Gott; sie fragen, ob es Gott überhaupt gibt, und wenn, warum Er dieses Weltchaos zuläßt. Ein guter und erprobter Analytiker, der diese Welt auf den Prüfstand stellt, kommt dahinter, daß nicht Gott der Unergründliche, der „Zauberer“ ist, sondern daß die Menschen die Zauberlehrlinge sind, die sich mit den theologischen Spitzfindigkeiten über die sogenannten Geheimnisse Gottes begnügen.

Ein gesunder Menschenverstand läßt erkennen, daß dieses Weltchaos nicht von Gott kommt, sondern daß es die Menschheit aller Generationen verursacht hat und daß jeder Mensch mehr oder weniger an diesem Desaster beteiligt ist. Würde Gott, der Ewige, den Planeten Erde und alles, was sich darauf tummelt und abspielt, per Allmachtswort in Seine göttliche Ordnung bringen, so wäre morgen wieder dasselbe Spektakel menschlicher Ignoranz, das sich gegen das ewige Gesetz Gottes, das Liebe, Einheit und Freiheit ist, richtet. Warum? Weil die Wirkungen und Auswirkungen menschlichen Eigennutzdenkens – des Egoistischen, des Machtstrebens, der Herrschsucht, der Profitgier, der Intoleranz, des Hochmuts, der Mißachtung, der Gleichgültigkeit, der Kaltherzigkeit usw. – gar bald im Kleinen wie im Großen wieder in Erscheinung treten würden. Letztlich wäre nichts gebessert.

Solange der Mensch nicht lernt, seine Mitmenschen zu achten, so auch die Natur und die Tierreiche, bleibt er feindselig und böse gegenüber dem Leben. Er zerstört, vernichtet und tötet, was ihm im Weg steht, und das um seiner selbst willen.

Weil Gott Liebe ist, und weil Gottes Liebe über Christus Seine Kinder zurück ins Vaterhaus führen möchte, gibt nun der liebende ewige Vater eine erneute Handreichung, um Seine willigen Menschenkinder so rasch wie möglich an Sein väterliches Herz zu führen, das für jeden Menschen und jede Seele schlägt, damit sie Ihm, dem Ewigen, näherkommen, damit sie erfahren und erleben, daß Er in der Seele jedes Menschen gegenwärtig ist. Er, der große Geist, will jedem von uns innere Sicherheit und Geborgenheit schenken.

In vielen Facetten lehrten uns Christus und unser geistiger Lehrer, der Cherub der göttlichen Weisheit, für uns Menschen Bruder Emanuel genannt, das ewige Gesetz, das zum wahren Leben führt, das unabhängig, frei und glücklich macht.

Durch Sein Instrument offenbarte der Ewige, daß die Sprache der Menschen gegen das ewig kosmische Gesetz arbeitet. Sie ist allzusehr mit „wenn“ und „aber“, mit „ich will“ oder „ich kann nicht“ durchsetzt, so daß dadurch die Urkraft der Seele, der Wesenskern, das Gesetz der Liebe und Güte, kaum angesprochen werden kann.

Unsere menschliche Sprache ist eine zweiflerische, einengende Sprache, wodurch der Mensch an sich selbst keinen Absolutheitsanspruch stellt, so daß er einen langen, hürden- und beschwernisreichen Weg geht, bis er seinem göttlichen Erbe, dem Gesetz Gottes in seiner Seele, näherkommt.

Betrachtet man diese Welt, dann wird so mancher sagen: Die Zeit eilt, und die Stunden fliegen immer rascher davon, so daß es höchste Zeit ist, die Weisungen des Lebens näher zu betrachten und umzukehren. So mancher spürt das Drängen, das Bitten aus der Tiefe seiner Seele, das besagt: O Mensch, säume nicht! Es ist wahrlich höchste Zeit.

Wie gesagt, unsere Sprache trennt uns von Gott. Deshalb erfolgte das Angebot des Ewigen, unser göttliches Erbe anzusprechen, und das mit der göttlichen Absolutheit, die kein Wenn und Aber kennt.

Um anklingen zu lassen, was es bedeutet, wenn wir Menschen die Absolutheit in uns bejahen und ansprechen, möchte ich noch mit einigen Worten darauf eingehen.

Das Gesetz Gottes besteht aus den sieben Grundkräften. Sie heißen Ordnung, Wille, Weisheit und Ernst, Geduld – gleich Güte –, Liebe, Barmherzigkeit – gleich Sanftmut. Die sieben Grundkräfte pulsieren im Urgrund unserer Seele.

Der ernsthafte Mensch, der Gott im Urgrund seiner Seele näherkommen möchte, kann mit Vollmacht die Urkraft, das Gesetz Gottes, ansprechen, z.B.

Ich bin in dem göttlichen kosmischen
Gesetz, in meinem göttlichen Erbe,
die absolute Ordnung.

Manch einer wird nun sagen: „Ich bin aber noch nicht ordentlich. Meine Gedanken und vieles, was ich bewege und mein Eigentum nenne, und sei es das kleinste Ding im Alltag, ist noch nicht in Ordnung. Wie kann ich sagen: ‚Ich bin in dem göttlichen kosmischen Gesetz, in meinem göttlichen Erbe, die absolute Ordnung'?"

Hierzu folgende Erklärung. Wer sich befleißigt, in seinen Gedanken und in allem, was zu ihm als Mensch gehört, Ordnung zu machen, der setzt mit der bestimmten und entschiedenen Aussage „Ich bin in dem göttlichen kosmischen Gesetz, in meinem göttlichen Erbe, die absolute Ordnung" einen kosmischen Seismographen in Gang, der ihm aufzeigt, was in Unordnung ist. Mit der Kraft des absoluten Ordnungsgesetzes, das der willige Mensch in den Wesenskern seiner Seele hineinspricht, setzt er in sich negative Energieformationen frei – er bringt wesentliche Aspekte seiner allzumenschlichen Eingaben in Bewegung, die in der Partikelstruktur seiner Seele und in seinem Körper gespeichert sind. Damit lockert er gleichzeitig gegensätzliche Eingaben in bestimmten Planeten, die über die entsprechende Planetenkonstellation dem Menschen bewußt werden, der z.B. das Absolute Gesetz der Ordnung anwendet.

Wichtig ist zu wissen, daß auf diesem markanten Gesetzesweg kleinere Verfehlungen, die im Erdendasein nicht relevant sind, die keinem anderen Menschen geschadet haben, aufgelöst, d.h. in positive Energie umgewandelt werden, wodurch die Seele rascher an Licht und Kraft zunimmt. Das wäre für jeden Menschen eine große Chance, rascher in sein Inneres zu finden, zum göttlichen Ursprung, zu seinem wahren Selbst, denn nur Gott im Ursprung unserer Seele ist der Ankerplatz und der sichere Hafen in dieser gefahrenreichen Zeit.

Wer ernsthaft und gewissenhaft diesen Gesetzesweg geht, der wird sich sehr bald seiner wahren

Herkunft bewußt werden. Sein Erdendasein wird sich in Kürze total verändern; er wird sensitiver, seine fünf Sinne werden klarer, sein Bewußtsein weitet sich, und er gewinnt Zugang zu dem Innersten im Nächsten, zu Gott im Nächsten, sowie zu den Allkräften der Natur und zu den Lebewesen der Tiere. Er wird immer mehr kosmisch, also allumfassender und selbstloser, denken, reden und handeln. Sein Erdendasein wandelt sich, weil er erspürt und in vielen Details erkennt: Gott ist immer gegenwärtig.

Der Ewige hat Seinem Instrument die Weisung erteilt, die willigen Menschen in allen sieben Grundkräften in dem Absoluten Gesetz zu unterweisen, aufzuzeigen, wie es angewandt werden kann – natürlich, wer möchte, denn Gott ist Freiheit.

Nach dem Willen Gottes beginne ich also mit der göttlichen Gesetzesordnung.

Machen wir uns bewußt: Alles ist Energie, und alles, aber auch alles, strahlt. Weil die ewigen Gesetzmäßigkeiten in allen und in allem sind, gehört jedes Ding, jede Lebensform, jeder Mensch, jedes Wesen zum Gesamtvolumen des göttlichen Gesetzes, das unendlich ist. Somit hat alles seinen Platz in der Einheit, im allkosmischen Sein.

Gemäß der geistigen Ausstrahlung aller materiellen Dinge und Formen reihen sie sich jeweils in das göttliche Gesetz ein, in die Ganzheit des Gesetzes, die aus den sieben Grundstrahlen besteht. Wir nennen das ganzheitliche Sein das Gesetz der Einheit.

Machen wir uns bewußt: Alles, was uns umgibt, ist Strahlung. Je nach seiner Ausstrahlung hat jedes Ding seinen Platz – entweder im Gesetz der Ordnung oder im Gesetz des Willens oder in den weiteren Gesetzesprinzipien wie Weisheit, Ernst, Geduld – gleich Güte –, Liebe, Barmherzigkeit – gleich Sanftmut.

Ich wiederhole: Jede göttliche Strahlungsintensität bildet zusammen mit allen anderen energetischen Strahlen eine Einheit. Die materiellen Formen ummanteln, gleich umschließen die göttlichen Gesetzesenergien, die, wie alles, ebenfalls Strahlung sind. Materielle Gegenstände und Formen – gleich, welcher Art – strahlen das aus, was wir ihnen zudenken und mit welcher Gesinnung wir sie berühren. So haften an Gegenständen auch Energien von anderen, z.B. Gedankenenergien von Menschen, die Produkte, Waren und dergleichen bearbeitet haben. Die energetischen Inhalte jener Gedanken – unter Umständen Problematisches, Neid, Groll, Vorwürfe – können uns ansenden und beeinflussen, dann, wenn wir ähnliche Charaktereigenschaften haben. Das ist die gegensätzliche Strahlung, die wir auch als Unordnung bezeichnen können, weil sie sich nicht im Absoluten Gesetz Gottes, sondern im Gesetz von Ursache und Wirkung bewegt.

Jede Unordnung – und sei diese noch so geringfügig – ist eine Dissonanz, die auf uns, auf unser Gemüt, auf unsere Gedankenwelt, ja auf unser ganzes Verhalten einzuwirken vermag. Dissonanzen jeglicher Art wirken sich auch in und an unserem Körper aus. Entsprechend der Dissonanzen verhalten wir uns, z.B. hektisch, aggressiv, brutal bis hin zum Zerstörerischen gegen uns selbst und gegen andere.

Wir wissen: Gleiches zieht Gleiches an. So können uns Strahlungsdissonanzen krank und leidend machen, können Terror, Verbrechen und Kriege auslösen. Globale energetische Kausaldissonanzen, also Ursachen, die viele Menschen oder Menschengruppen geschaffen haben, können auf die Erde einwirken und Katastrophen und Hungersnöte herbeiführen. Die Wirkungen treffen die entsprechenden Menschen, je nach ihrem Beteiligtsein an diesen Ursachen, einerlei, zu welchem Volk sie derzeit gehören.

Jede Seele im Menschen besitzt in ihrem Urgrund das Absolute Gesetz, das göttliche Erbe des göttlichen Wesens, das wir im ewigen Sein sind. Wir sind also als vollkommene Wesen das Absolute Gesetz, das aus den schon erwähnten sieben Grundkräften besteht.

Wie schon gesagt, stellt unsere Sprache alles in Frage, auch das Absolute Gesetz, das kosmische Gesetz, unser wahres ewiges Leben. Jeder von uns, der etwas in Worte faßt, in Worten ausdrückt, stellt sich und andere in Frage. Das ist die Kausalsprache, die uns von anderen und vor allem von Gott, von unserem wahren Wesen, trennt.

Wollen wir uns unserem wahren Wesen, dem Absoluten Gesetz der Liebe und Einheit, nähern, dann müssen wir – jeder Einzelne von uns – lernen, umzudenken, indem wir bei der ersten Grundkraft der Ordnung beginnen und uns als erstes bewußt werden, daß wir im ewigen Sein die Ordnung im ewigen Gesetz der Gottesordnung sind.

Machen wir uns bewußt: Wollen wir uns wahrhaft mit dem Absoluten Gesetz befassen, wollen wir es im Alltag Schritt für Schritt anwenden, dann müssen wir immer öfter am Tag – einerlei, mit welcher Situation, Begebenheit oder mit welchen Gegenständen und Dingen wir uns beschäftigen – das Absolute Gesetz im Urgrund unserer Seele ansprechen, wie z.B.: „Ich bin in dem göttlichen kosmischen Gesetz, in meinem göttlichen Erbe, die absolute Ordnung."

Wer sich diese Formulierung zu eigen macht, die in der Kurzform auch „Ich bin die Ordnung in Gottes All-Ordnung" lauten kann, der setzt in sich einen „Seismographen" in Bewegung, der ihn darauf aufmerksam macht, wo bei ihm die Unordnung ist. Wer sich anschickt, die Unordnung zu beheben und Gleiches und Ähnliches nicht mehr zu denken und zu tun, oder wer daran geht, in seinem Umfeld die Dinge und Gegenstände zu ordnen – je nachdem, was ihm der Seismograph signalisiert –, der nähert sich allmählich der kosmischen Gesetzesordnung.

Wer sich zu diesem gesetzmäßigen Weg hin zur Urkraft im Seelengrund entscheidet, wer also diesen nicht einfachen, aber raschen Weg befürwortet, der macht sich jetzt bewußt, daß er die Urkraft in seiner Seele anspricht und gleichzeitig sein göttliches Erbe, das das Allgesetz der Liebe und Einheit ist.

Wer sich seinem „Seismographen" aussetzt, der vieles ans Tageslicht der Unordnung transportiert, der sendet nun mit mir Impulse in den Seelengrund, zur Urkraft.

Wir beginnen mit der Ordnungskraft.

Alles ist Energie! Wir senden in den Wesenskern der Seele, in die Urkraft hinein, den Impuls:

Ich bin die Ordnung
in Gottes All-Ordnung.

Ich bin die Ordnung
in Gottes All-Ordnung.

Ich bin die Ordnung
in Gottes All-Ordnung.

Mit diesen Gesetzesimpulsen bringen wir den Seismographen in Gang, der uns jetzt oder im Laufe des Abends oder am anderen Tag aufzeigt, wo energetische Dissonanzen zur Bereinigung anstehen.

Wesentlich ist, daß wir diesen Hinweisen Beachtung schenken und sie befolgen. Wir sollten also diese Dissonanzen bereinigen und das erkannte Fehlverhalten nicht mehr tun.

Mit diesem nicht ganz einfachen, aber raschen Gesetzesweg beginnen wir schlicht und einfach von außen nach innen.

Nun kommen wir zum Alltag. Ob wir uns in der Küche, am Arbeitsplatz, auf der Straße, im Auto oder anderweitig befinden – immer und immer wieder sollten wir den Impuls in den Seelengrund hineindenken oder hineinsprechen:

Ich bin die Ordnung
in Gottes All-Ordnung.

Ich bin die Ordnung
in Gottes All-Ordnung.

Auf diesem Weg beginnen mit der Zeit auch unsere Sinne zu reagieren. Die Unordnung, z.B. im Haushalt, im Haus, in der Wohnung, am Arbeitsplatz, bei unüberlegten und unkontrollierten Gesprächen, und vieles mehr springt uns gleichsam ins Gesicht. Unsere Sinne reagieren. Überall, wo Unordnung ist, wo es an Reinlichkeit und Sauberkeit mangelt, wo Ungutes sich breit macht, beginnt der Seismograph zu agieren. Er macht keinen Halt vor unseren Schränken und Schubladen. Auch unsere Körperhaltung, wie wir gehen, was wir reden, wie wir denken, was wir essen oder trinken, wird vom Seismographen registriert und uns zugespiegelt. Gleichzeitig erkennen wir, was zu beheben wäre.

Wie schon gesagt, geht es zuerst um äußere Dinge, wie z.B.: Paßt unsere Kleidung zu unserer Körperstrahlung? Ist unser Schuhwerk ordentlich? Hat im Haushalt, am Arbeitsplatz alles seine Ordnung? Sind die Gegenstände in der Wohnung an ihrem Platz?

Je öfter wir uns bewußt werden, daß alles Energie ist und sich in das große Ganze als Strahlungsintensität einreihen möchte, werden wir angeregt, das Erforderliche zu tun, um es in Ordnung zu bringen. Wenn wir uns dessen bewußt sind, weil wir damit Erfahrung erlangt haben, werden wir auch am eigenen Körper spüren und in unserem

Gemüt empfinden, wie wohltuend es ist, im Äußeren Ordnung zu machen, der energetischen Einheit Folge zu leisten. Bald werden wir uns wohler und frischer fühlen, von innen her glücklich, frei und geeint.

Bald können wir dann unsere Gedanken klarer erfassen und unsere Körperstrahlung deutlicher wahrnehmen. Wir werden nicht nur sensitiver gegenüber unserem eigenen Verhalten, sondern auch gegenüber unseren Mitmenschen. Unsere Übernächsten, die Tiere, ebenso die Pflanzen- und Mineralwelt, die gesamte Natur, können wir feiner und besser erfassen.

Alles, aber auch alles will im großen Ganzen seinen Platz haben, und ist es das kleinste, unscheinbare Ding. Alles ist Strahlung. Jede Strahlung beinhaltet den Urkern göttlicher Gesetzmäßigkeiten, die immer zur Einheit streben, ja drängen.

Liebe Brüder, liebe Schwestern, das war nur ein ganz kleiner Einblick in das mächtige göttliche Gesetz der Allstrahlung, die die Liebe und Einheit ist.

Wer möchte, macht mit bei diesem großen Wurf, bei dem Schritt hinein in die Urkraft, hin zu Gott.

So heißt es: Rette sich, wer sich retten möchte!

Je öfter wir die Gesetzesordnung anwenden, je öfter wir in unserer Umgebung, an uns selbst Ordnung machen, um so glücklicher und freier werden wir.

Liebe Geschwister, bis zum nächsten Mal:
Alles Liebe und Gute!

Viel, viel inneres Glück bewirkt viel, viel Leben!

Gabi

Ich bin
die Ordnung
in Gottes All-Ordnung,
die mein Gemüt
beleuchtet.

Ordnung 2

Ordnung 2

Liebe Brüder, liebe Schwestern in Christus, das Gnadengeschenk des Ewigen an Seine willigen gottbewußten Kinder, an Seine Söhne und Töchter, das in die ganze Welt geht, wird mehr und mehr offenbar.

Nach dem Willen Gottes beginne ich mit einer kurzen Wiederholung, so daß wir gemeinsam uns Seiner Liebe bewußt werden.

Jede Seele im Menschen besitzt in ihrem Urgrund das Absolute Gesetz, das göttliche Erbe des göttlichen Wesens, das jeder von uns im ewigen Sein ist. Wir sind also als vollkommene Wesen das Absolute Gesetz, das aus den sieben Grundkräften Gottes besteht.

Wie schon gesagt, stellt unsere menschliche Sprache mit ihrem „Wenn“ und „Aber“ alles in Frage, auch das Absolute Gesetz, das kosmische Gesetz, unser wahres, ewiges Leben. Jeder von uns, der etwas in Worte faßt, in Worten ausdrückt, stellt sich und andere in Frage. Das ist die Kausalsprache, die uns von anderen und vor allem von Gott, von unserem wahren Wesen, trennt.

Wollen wir uns unserem wahren Wesen, dem Absoluten Gesetz der Liebe und Einheit, nähern, dann müssen wir – jeder Einzelne von uns – lernen, umzudenken, indem wir bei der ersten Grundkraft, der Ordnung, beginnen und uns als erstes bewußt werden, daß wir im ewigen Sein die Ordnung im ewigen Gesetz der Gottesordnung sind.

Machen wir uns bewußt: Wollen wir uns wahrhaft mit dem Absoluten Gesetz befassen, wollen wir es im Alltag Schritt für Schritt anwenden, dann müssen wir immer öfter am Tag – einerlei, mit welcher Situation, Begebenheit oder mit welchen Gegenständen und Dingen wir uns beschäftigen – das Absolute Gesetz im Urgrund unserer Seele ansprechen, wie z.B.: „Ich bin in dem göttlichen kosmischen Gesetz, in meinem göttlichen Erbe, die absolute Ordnung."

Macht sich ein Mensch diese Formulierung zu eigen, die in Kurzform auch „Ich bin die Ordnung in Gottes All-Ordnung" lauten kann, wendet er diesen Satz, diese Aussage an, indem er sie in sich und durch sich wirksam werden läßt, so setzt er in sich einen „Seismographen" in Bewegung, der ihn darauf aufmerksam macht, wo bei ihm die Unordnung ist. Schickt sich der Mensch an, die Unordnung zu beheben und Gleiches und Ähnliches nicht mehr zu denken und zu tun, oder geht er daran, in seinem Umfeld die Dinge und Gegenstände zu ordnen – je nachdem, was ihm der Seismograph signalisiert –, dann nähert er sich allmählich der kosmischen Gesetzesordnung.

Wer sich für diesen gesetzmäßigen Weg hin zur Urkraft im Seelengrund entscheidet, wer also diesen nicht einfachen, aber raschen Weg bejaht und ihn gehen möchte, der macht sich jetzt bewußt, daß er die Urkraft in seiner Seele anspricht und gleichzeitig sein göttliches Erbe im Innersten seiner Seele, das das Allgesetz der Liebe und Einheit ist.

Wer sich seinem „Seismographen" aussetzt, der vieles ans Tageslicht der Unordnung transportiert, der sendet nun mit mir Impulse in den Seelengrund, zur Urkraft.

Wir beginnen mit der Ordnungskraft.

Alles ist Energie! Wir senden in den Wesenskern der Seele, in die Urkraft hinein, den Impuls:

Ich bin die Ordnung in Gottes All-Ordnung.

Ich bin die Ordnung in Gottes All-Ordnung.

Ich bin die Ordnung in Gottes All-Ordnung.

Nun geht der Ewige mit uns einen Schritt weiter. Wir sprechen wieder die All-Ordnung an und denken dabei an unser Gemüt.

Nun heißt es:

Ich bin die Ordnung in Gottes
All-Ordnung, die mein Gemüt beleuchtet.

Wir sprechen tief in unsere Seele, in die Urkraft, hinein:

Ich bin die Ordnung in Gottes
All-Ordnung, die mein Gemüt beleuchtet.

Gedanken und Worte sind Energien. Denken wir noch einmal in die Urkraft hinein:

Ich bin die Ordnung in Gottes
All-Ordnung, die mein Gemüt beleuchtet.

Ich bin die Ordnung in Gottes
All-Ordnung, die mein Gemüt beleuchtet.

Mit diesen Gesetzesimpulsen bringen wir wieder den Seismographen in Gang. Der Seismograph kann unerbittlich sein, dann, wenn wir es mit uns selbst ernst meinen und es zulassen, daß er unsere Gemütsprogramme aufzeigt, die nicht mit der göttlichen Ordnung, nicht mit unserem göttlichen Erbe in Einklang sind.

Was kann der Seismograph zum Vorschein bringen? Was wird uns unser Oberbewußtsein signalisieren? Hier nur einige Beispiele: Eventuell wird uns plötzlich unsere Nachlässigkeit bewußt, wenn es darum geht, dem anderen beizustehen, sei es am Arbeitsplatz, auf Reisen, im Haushalt, unterwegs im Fahrzeug usw.

Unter anderem hat der Gemütsbereich unser Sein- und Habenwollen gespeichert, dem das Selbstmitleid entspringt, das sich in vielen Variationen äußert. Der Mensch in Erwartungshaltung leidet an Energiemangel; er ist auf Anerkennung und Aufwertung seitens anderer angewiesen. Auch über Vorwürfe und Schuldzuweisungen versucht man, Energie zu ziehen.

Wer dieses Theater des Egos nicht durchschaut, fällt darauf herein – der Energie-Austausch vollzieht sich. Um die göttliche Energie handelt es sich dabei nicht. Abhängigkeit, Gebundenheit bis hin zu Hörigkeit sind die Folge. Der Egostärkere bläht sich auf und weiß seinen Mitmenschen geschickt zu manipulieren, um sich seine Energie nutzbar zu machen. Der Energieverlust dessen, der sich – scheinbar freiwillig, doch letztlich nur aufgrund seiner Schwäche – unterordnet, sich unterwirft, führt zu Gefühlen der Niedergeschlagenheit, zu Depression.

Von einem erfüllten Leben kann bei beiden Energie-Tausch-Partnern nicht die Rede sein. Der eine wird trotz seiner Machtausübung nicht von innen heraus glücklich sein, und der Unzufriedene in der Opferrolle wird ebenfalls seines Lebens nicht froh werden. Ohnmachtsgefühle, Selbstzweifel, Anwandlungen von Selbstverneinung, Selbstaufgabe bis hin zur Selbstzerstörung verdunkeln sein Gemüt. Auflehnung, Neid, eventuell gar Haß gegen den oder die ihn Beherrschenden bringen Aggressionen hervor.

Manch einer vermag eventuell seine aggressiven Gemütsaufwallungen hinter einer Fassade von Anstand und Wohlverhalten oder gar Scheinheiligkeit und vorgetäuschter ideeller Integrität lange zu verbergen. Fällt er doch einmal aus der Rolle, so weiß er diese Gemütsbewegungen unter Umständen mit Raffinement umzumünzen, indem er sich mit ausgeklügelten Redewendungen dem Nächsten so präsentiert, daß dieser in eine sogenannte Schuldfalle geht, woraufhin ihn der Aggressionsgeladene energiemäßig auszunehmen vermag.

Die Tendenzen des Ego-Menschlichen – z.B. Neid, Eifersucht, Rechthaberei, gleich Besserwisserei – halten das Gemüt vieler in ständiger Bewegung. Es sind negative Grundzüge, Programme, von denen wohl jeder Mensch, der sich aus der allzumenschlichen Niedrigkeit in das hohe Bewußtsein des Absoluten Gesetzes erheben möchte, einiges – und seien es auch nur Restbestände – in sich zu erkennen und auszuräumen hat. Der nun als Gnadengeschenk Gottes gelehrte intensive Weg über die Stufen Seiner Grundkräfte setzt die Bereitschaft zur Selbsterkenntnis – anders gesprochen: setzt die Bereitschaft zum Lernen an sich selbst – voraus.

Wer sich ernsthaft der Urkraft nähert, der bringt, wie gesagt, verstärkt seinen Seismographen in Gang. Wesentlich ist jedoch, daß wir den Hinweisen, die im Oberbewußtsein als Gedanken oder Bilder oder gar Gefühle ankommen, Beachtung schenken und diese Dissonanzen bereinigen, um fortan Gleiches und Ähnliches nicht mehr zu denken, zu reden und zu tun.

Dieser kurze Gesetzesweg beginnt wie der Innere Weg von außen nach innen. Einerlei, wo wir uns tagsüber befinden, welcher Tagesarbeit wir nachgehen, immer und immer wieder sollten wir uns bewußt machen: Im Urgrund unserer Seele ist unser wahres Wesen, ist das ewige Gesetz, unser göttliches Erbe, in das wir immer wieder die Impulse hineindenken oder hineinsprechen:

Ich bin die Ordnung in Gottes All-Ordnung, die mein Gemüt beleuchtet.

Ich bin die Ordnung in Gottes All-Ordnung, die mein Gemüt beleuchtet.

Wie wir das letzte Mal schon gehört haben, beginnen mit der Zeit auch unsere Sinne zu reagieren. Überall, wo Ungutes sich in uns und in unserem Umfeld breit macht, beginnt der Seismograph zu reagieren. Mit der Zeit regt er auch unseren Seh-, Gehör-, Geruchs-, Geschmacks- und Tastsinn an. Die Urkraft, die All-Ordnung, wird in uns aktiv; sie möchte uns verfeinern.

Alles ist Energie. Die allzumenschlichen Eigenheiten sind negative, also heruntertransformierte,

Energiepotentiale. Sie möchten wieder in göttliche Kraft hinauftransformiert werden, um sich als Strahlungsintensität wieder in das große Ganze, in das Gesetz der Liebe und Einheit, einzureihen. Werden wir uns dessen des öfteren bewußt, so werden wir angeregt, das Erforderliche zu tun, um auch in unserem Gemüt Ordnung zu schaffen. Halten wir es so, dann werden wir sehr bald in unserem sich reinigenden Gemüt erspüren, wie wohltuend es ist, außen – und allmählich mehr und mehr innen – Ordnung zu machen.

Wer möchte sich nicht wohler und frischer fühlen, von innen her glücklich und frei, geeint mit dem wahren Leben? Die Urkraft in uns, das ewige Gesetz, unser göttliches Erbe, vermag alles – wenn wir, der Mensch, wollen; das heißt, wenn wir dem Göttlichen, dem Absoluten Gesetz, Gelegenheit geben, wirksam zu werden – durch unser Vertrauen, unsere beständige Ausrichtung, durch unseren innigen Wunsch, Gott näherzukommen.

Ich wiederhole die Lehraussagen von voriger Woche: Bald können wir unsere Gedanken dann klarer erfassen und unsere Körperstrahlung deutlicher wahrnehmen. Wir werden nicht nur sensitiver gegenüber unserem eigenen Verhalten, sondern auch gegenüber unseren Mitmenschen.

Wir werden die Tier-, Pflanzen- und Mineralwelt, ja die gesamte Natur ebenfalls mit einer gewissen Feinfühligkeit erfassen und verstehen lernen. Alles ist Strahlung. Jede Strahlung beinhaltet den Urkern göttlicher Gesetzmäßigkeiten, die immer zur Einheit streben; ja, sie drängen uns sogar, mehr und mehr und unverzüglich alles Allzumenschliche zu beheben, um in Bälde eins zu werden mit unserem wahren Sein.

Liebe Brüder, liebe Schwestern, auch diese Schulung ist nur ein ganz kleiner Einblick in das mächtige göttliche Gesetz der Allstrahlung, die die Liebe und Einheit ist.

Es geht also hinein in den Seelengrund, zu unserem göttlichen Erbe. Je mehr wir uns befleißigen, die Gesetzesordnung anzuwenden, je zielstrebiger wir in unserer Umgebung und auch in unserem Gemüt Ordnung machen, um so glücklicher und freier werden wir.

Gerade in der heutigen Zeit erhebt sich immer wieder die Frage: Wohin treibt das Weltenschiff? Oder: Wann geht dieses unter? – Für den geistig

Erwachten heißt es: Ich rette mich und halte mich am Anker des Jesus, des Christus, fest.

Liebe Geschwister, ich wünsche uns allen innere Freude und inneres Glück. Mögen diese Gaben Inneren Lebens unser Erdendasein ausfüllen.

Wer es mit Gott, dem Allmächtigen, und Seinem Sohn, unserem Erlöser, hält, der beginnt wahrlich zu leben; er entwickelt die schöpferischen Sinne und die Liebe zur göttlichen Tat.

Von Herzen wünsche ich uns allen viel, viel Leben!

Gabi

*Ich bin
die Ordnung in Gottes
All-Ordnung, die die Inhalte
meiner Gedanken
ausleuchtet.*

Ordnung 3

Ordnung 3

Liebe Brüder, liebe Schwestern in Christus, hören wir wieder Aspekte aus dem Absoluten Gesetz Gottes.

Gott ist Liebe.

Das himmlische Gesetz, das aus den sieben Grundkräften besteht, ist die höchste Kraft – es ist die Liebe. Ohne Liebe keine Grundkraft der Ordnung. Ohne Liebe keine Grundkraft des Willens, der Weisheit und des Ernstes.

Liebe ist die Tragkraft, die ebenfalls in den drei Kindschaftseigenschaften wirkt – Güte, Liebe und Sanftmut –, die die Kinder Gottes, die Söhne und Töchter Gottes, mit Ihm, dem Vater-Mutter-Gott eint.

Die Einheit der Kinder Gottes, die Liebe-Energie der Söhne und Töchter der Himmel, strömt wieder zurück zum Herzen Gottes und bewirkt gleichzeitig die Schaffungskraft in den vier Wesenheiten Ordnung, Wille, Weisheit und Ernst. Das großartige Zusammenfließen der göttlichen Kräfte ist die allgebende Kraft, die Liebe.

Diese fundamentalen allkosmischen Zusammenhänge hat Christus als Jesus bewiesen. Aus Liebe zu den Menschen brachte Er in Verbindung mit der Urkraft, die Liebe ist, einen Teil Seines göttlichen Erbes zum Fließen. Sein göttliches Erbe strömte in Funken in alle belasteten Seelen ein, ob diese verkörpert oder entkörpert waren. Jeder von uns trägt also in seiner Seele den Christus-Gottes-Funken, die erlösende Kraft, die Liebe, die uns mit dem ewigen Vater eint.

Wann der Mensch oder die Seele in die Absolutheit, in das Gesetz der Liebe, in den All-Ozean Gottes, eintaucht und wieder in der ewigen Heimat zu Hause ist, bestimmt jeder von uns selbst.

Das Kreuz der Auferstehung ist das Zeichen der göttlichen Liebe. Machen wir uns bewußt, daß Jesus an das Kreuz ging, weil Er uns Menschen liebte. Er ließ sich also von den Mächten der Finsternis kreuzigen. Damit demonstrierte Er unter anderem, daß trotz Kreuzigung – und gerade deshalb – offenbar wurde, daß Gott, der Vater-Mutter-Gott, ebenso Christus, der Mitregent der Himmel, alle Seelen und Menschen unendlich liebt. Somit ist das Kreuz der Auferstehung das Zeichen der

Gottes- und Nächstenliebe. Jesus lehrte uns nicht nur die Liebe unseres Vaters, Er verkörperte sie auch bis zum „Es ist vollbracht“, das Er am Kreuz sprach und somit uns zeigte: Der Sieg ist Sein.

Jesus lehrte uns sinngemäß: Wer Meine Lehre hört und sie tut, der ist ein kluger Mann. – Jeder wahrhaft kluge Mensch ist zu der Überzeugung gelangt, daß er sich selbst ändern muß, um Weisheit zu erlangen. Das bedeutet, daß er sich selbst analysieren und lernen muß, um sich zum Positiven zu verändern. Wahre Klugheit ist Weisheit, die mit dem Alter nichts zu tun hat, sondern mit der Einstellung zum Leben. Ein kluger, weiser Mensch, der sein Erdenleben jeden Tag neu durchforstet, wird erkennen, daß Situationen, Begebenheiten und auch Probleme nicht nur den anderen betreffen, sondern vor allem ihn selbst. Aufgrund dieses Lernens und der Selbstanalyse wurde so manchem bewußt, daß die Sprache des Tages auch ihn etwas angeht – was auch immer der Tag ihm aufzeigt.

Rechtes Lernen heißt, das Leben immer von der Warte aus zu betrachten, was Gott will – nicht, was wir, der Mensch, möchten.

Um das Leben, das Liebe, Einheit, Weisheit und Freiheit ist, allmählich zu erfassen, sollte man sich immer bewußt machen, daß jeder von uns auf dem Weg der Bewußtseinserweiterung ist. Um das Bewußtsein für das Leben zu erlangen, sollten wir das göttliche Gesetz, das Leben ist, anwenden, um den Seismographen in Gang zu setzen, der für uns ein hilfreicher und wertvoller Weggefährte sein kann, dann, wenn wir unser Bewußtsein erweitern wollen.

Je öfter wir uns mit der Urkraft in uns verbinden, indem wir die Sprache des Gottesgesetzes anwenden, indem wir also das absolute Urkraftpotential in uns selbst ansprechen, um so öfter meldet sich der Seismograph, der uns im Tag – einerlei, was uns dieser bringt – aufzeigt, was heute von uns entschieden und umgesetzt werden sollte.

Jeder Mensch lebt in der Sprache des Bildes. Seine Gedanken und Worte sind Hüllen, in denen jeweils eine ganze Bilderkette gespeichert ist. Da wir Menschen sehr schnell sprechen und uns meist nur das bewußt ist, was wir sagen wollen und was nicht, verdrängen wir die Bilder, die in unseren Worten liegen. Unter anderem können wir auch die Bilderkette deshalb nicht vollständig ausloten und gegebenenfalls zum Ausdruck bringen, weil ein Wort das andere ergibt. So nehmen wir die Glieder der Kette, die diversen und unterschiedlichen Kettenglieder, die auch Bildabfolgen genannt werden können, kaum wahr, so daß diese Energieformationen weiterhin unbewußt in uns verbleiben. Folglich kennen sich die meisten Menschen nur oberflächlich.

Ein guter Analytiker, der sich zur Aufgabe gemacht hat, seine Gedanken und Worte in der Tiefe der ihnen innewohnenden Substanz auszuloten, der weiß, wer er wirklich ist. Ihm ist aber auch bewußt, daß das, was hinter den Gedanken und Worten abläuft, er selbst ist, also seine Person prägt.

Viele, sehr viele Menschen leben in den Tag hinein. Sie kennen ihre Bilderkette, die Inhalte ihrer Gefühle, ihrer Gedanken und Worte, nicht. Daher sind auch ihre Handlungen und Tätigkeiten von den Bildabfolgen der Inhalte durchwirkt und beeinflußt. Der Mensch ist vielfach in sich nicht wahrhaftig, sondern lebt im Spannungsfeld seines eigenen Für und Wider, ohne daß es ihm bewußt ist. Das führt nicht nur zu Mißverständnissen, sondern auch zu Fehleinschätzungen und Fehlentscheidungen im persönlichen Bereich und am Arbeitsplatz zu kleinen bis groben Fehlern, bis hin zu grob fahrlässigen Fehlhandlungen.

Wer sich dieser Gegebenheiten, dieser Gefahren bewußt ist und wer sein Erdendasein dem Leben, das Gott ist, widmet, der schätzt den Seismographen, der – nehmen wir ihn ernst – untrüglich alles ans Tageslicht befördert. Der Seismograph, der in seiner Funktionsweise dem Gewissen verwandt ist, kennt keine Kompromisse. Allerdings setzen wir Menschen ihn oftmals außer Kraft: Wir setzen dem Seismographen ein sogenanntes „Sahnehäubchen" auf, indem wir uns z.B. mit der Ausrede beschwichtigen, daß er, der Seismograph, es gar nicht so gemeint hat, wie er es aus unserer Seele und aus unserem Unterbewußtsein hervortransportierte. So täuschen, ja betrügen wir uns letztlich selbst.

Die Eingaben in das Absolute Gesetz, in die Urkraft, womit wir begonnen haben, sind ein großer Einschnitt in unser tägliches Für und Wider und in unsere Ausreden, die wir als unsere „Schonprogramme" dem Seismographen entgegensetzen wollen.

Wer ernsthaft und gewissenhaft die große und mächtige Handreichung unseres himmlischen

Vaters an Seine Menschenkinder annimmt und zielbewußt damit arbeitet, der erlangt die Gewißheit, daß diese Hilfe aus Gottes ewigem Gesetz nicht nur seine Sinne läutert, sondern auch das Bewußtsein der Sinne erweitert und schärft. Dadurch kann er sein Erdenleben immer besser gestalten, weil er sich zu konzentrieren weiß und mit der Zeit auch sich selbst zu analysieren vermag. Das bringt ihm einen zunehmenden Einblick und Durchblick in die Dinge und Ereignisse, die sich in seinem Umfeld und auch in dieser Welt abspielen; er erfaßt also vieles, was ihm bisher verschlossen blieb oder dem er gleichgültig und mit Desinteresse gegenüberstand.

Alles, was unsere Sinne uns signalisieren, will uns etwas sagen. Unsere Sinne senden vielfältige Impulse und wirken auf unsere Gedankenwelt ein. Diese Abläufe im Einzelnen zu ergründen, gehört unter anderem zu unserem persönlichen Tag, zum Lernen aus unserer Tagesenergie.

Die mächtige Handreichung unseres himmlischen Vaters ermöglicht dem, der sich anstrengt, seinem wahren Selbst zuzustreben, in der Kürze der Zeit nicht nur durch den Seismographen Einblicke in sein Allzumenschliches zu bekommen – er wird auch die göttliche Nähe spüren, eine tiefe, also überirdische Freude, ein inneres Glücksgefühl, das eine unbeschreibliche Dankbarkeit gegenüber unserem himmlischen Vater auslöst. Wir fühlen uns beschenkt und erfüllt.

Nun beginne ich kurz mit den Wiederholungen der Eingaben in die Urkraft, in das Absolute Gesetz. Dann werden wir uns einer weiteren Eingabe zuwenden, die Gott, die Urkraft in uns, wieder aufnimmt, aber auch unsere Seele und die Zellsysteme unseres Körpers. Mit den entschiedenen Bejahungen von Aspekten des Absoluten in uns wirken wir bestimmend auf unseren ganzen Menschen ein. Daraus entwickelt sich der Seismograph, der ein unbestechlicher Mahner ist.

Denken wir nun tief in unsere Seele, in die Urkraft, hinein:

Ich bin die Ordnung in Gottes All-Ordnung.

Ich bin die Ordnung in Gottes All-Ordnung.

Ich bin die Ordnung in Gottes All-Ordnung.

*Ich bin die Ordnung in Gottes All-Ordnung,
die mein Gemüt beleuchtet.*

*Ich bin die Ordnung in Gottes All-Ordnung,
die mein Gemüt beleuchtet.*

*Ich bin die Ordnung in Gottes All-Ordnung,
die mein Gemüt beleuchtet.*

Jetzt gehen wir einen Schritt weiter in das Absolute Gesetz hinein, um uns von unserem Allzumenschlichen, von unserem Sündhaften, zu befreien.

Denken wir wieder tief in unsere Seele hinein, in die Urkraft:

***Ich bin die Ordnung in Gottes
All-Ordnung, die die Inhalte meiner Gedanken
ausleuchtet.***

***Ich bin die Ordnung in Gottes
All-Ordnung, die die Inhalte meiner Gedanken
ausleuchtet.***

***Ich bin die Ordnung in Gottes
All-Ordnung, die die Inhalte meiner Gedanken
ausleuchtet.***

Ich bin die Ordnung in Gottes All-Ordnung, die die Inhalte meiner Gedanken ausleuchtet.

Wer sich befleißigt, kompromißlos Gott in seinem wahren Selbst näherzukommen, der findet auch den Halt in sich, bei Gott in ihm.

Unsere haltlose Zeit wird immer dunkler, weil sich die Gemüter der Menschen mehr und mehr verdunkeln. Denn jeder denkt nur an sich, um seine Haut zu retten. Die wenigsten denken daran, ihre Seele zu retten, sie lichter werden zu lassen, um nach dem Leibestod ins wahre Paradies einzugehen, in unsere ewige Heimat, das unser Ursprungsland ist.

Viele Menschen suchen im Zeitlichen die Rettung, wobei sie immer haltloser werden. Deshalb nehmen die Aggressionen und die unmenschlichen Ausschreitungen zu, Exzesse gegen den Nächsten, aber auch gegen die Tiere und die Mutter Erde. Die weltweite Haltlosigkeit der Menschen, ihre brutalen Ausschreitungen, bewirken die Zerstörung des Erdplaneten und nicht zuletzt die Ausrottung des Menschengeschlechtes.

Deshalb immer wieder das Losungswort:
Rette sich, wer sich retten möchte!

Ich wiederhole: Rette sich, wer sich retten möchte! Der Anker ist gegeben – es sind die Lehren des Jesus, des Christus. Wer sich am Anker des göttlichen Gesetzes festhält, wird nicht untergehen. Sein Weg ist der Weg mit Christus zum ewigen Licht, in den Frieden und in die Geborgenheit, die vom himmlischen Vater ausgeht, der Seine Kinder wieder an Seinem Herzen haben möchte.

Liebe Brüder, liebe Schwestern, je öfter wir die Gesetzesordnung anwenden, je öfter wir in unserer Umgebung und auch in unserem Gemüt und in unseren Gedanken Ordnung machen, um so glücklicher und freier werden wir.

Wünschen wir uns alle viel geistigen, inneren Erfolg, der zu viel, viel Leben führt!

In der Gottes- und Nächstenliebe vereint,
Eure Schwester

Gabi

Ich bin
die Ordnung in Gottes
All-Ordnung, die die Inhalte
meiner Worte
offenbar werden läßt.

Ordnung 4

Ordnung 4

Liebe Brüder, liebe Schwestern in Christus, hören wir aus der mächtigen Handreichung unseres ewigen Vaters den nächsten großen Schritt hin zur Urkraft, dem Absoluten, kosmischen Gesetz, das die Gottes- und Nächstenliebe ist.

Gott, unser ewiger Vater, und Christus, unser Erlöser, zeigen uns verschiedene Wege auf, wie wir in der Kürze der verbleibenden Zeit zu unserem Ursprungsland, in unsere ewige Heimat, zurückkehren können.

Der unmittelbare große Schritt ist, uns der Urkraft, der Liebe Gottes, in der Tiefe unserer Seele zu nähern, um wieder in uns Einheit, Frieden und Geborgenheit zu finden. Die Gottes- und Nächstenliebe ist die himmlische Macht, die alle Wesen und alle reinen Kräfte der Unendlichkeit eint.

Jesus, der Christus, sprach vom Reich Gottes, das inwendig in uns ist. Das Reich Gottes in uns ist das Reich der Liebe, weil das Herz allen Seins die Liebe Gottes ist. Die Gottes- und Nächstenliebe ist das zentrale Licht, das unser wahres Wesen durchstrahlt und durchleuchtet. Durch die Gottes- und Nächstenliebe sind jene Menschen miteinander und untereinander eins, die dem Einen zustreben, der Gott, unser Vater, ist und der jeden von uns unendlich liebt.

Viele Menschen nehmen die Worte „Gottes- und Nächstenliebe“ in den Mund und wissen letztlich nicht, was Gottes- und Nächstenliebe bedeutet. Für diejenigen, die bereit sind, ihr Herz für die Gottes- und Nächstenliebe zu öffnen, möchte ich heute zunächst aus unserem göttlichen Erbe, aus unserem wahren Wesen, das Liebe ist, schöpfen und versuchen, das in Worte zu kleiden, was uns der Weg zu unserem Ursprungsland aufzeigt.

Liebe heilt die Wunden der Seele – dann, wenn sich der Mensch zur Liebe Gottes bekennt und es ihm ein Anliegen ist, die Liebe, die selbstlos gebende Kraft, in sich zu entfalten.

Wo Leid ist, möchte die Liebe trösten.

Wo Hoffnungslosigkeit herrscht, möchte die Liebe Hoffnung spenden und die Kraft geben, aus dem Negativen schrittweise das Positive zu entwickeln.

Liebe verbindet jene Menschen, die auf Gott bauen.

Dem Einsamen spendet die Liebe Einheit in der Gemeinsamkeit, in der Gottes- und Nächstenliebe – dann, wenn es der Mensch will.

Liebe gibt Geborgenheit durch die Kraft der Liebe, die alles Reine, alles ethisch Wertvolle eint.

Aus der Liebe gehen alle schönen, edlen Dinge hervor. Werke der Liebe schaffen Harmonie, Gleichklang, wahres Verstehen und wahre Brüderlichkeit untereinander.

Liebe bringt Freiheit.

Liebe ist friedvoll.

Liebe baut auf.

Liebe ist unauslöschliches Vertrauen und geistige Vertrautheit, geistiges Geeintsein.

Liebe ist die Hoffnung in der dunklen Welt.

Die Liebe Gottes eint also alle reinen Kräfte, aus deren Zusammenwirken weitere Gaben der Liebe erwachsen. Die Liebe Gottes ist die Kraft des Werdens und Reifens, die dienende, gebende, selbstlos-unpersönliche Kraft, die alles zum Guten führt.

Infolge des falschen, gegensätzlichen Denkens, Redens und Verhaltens, das sich gegen die Macht der Liebe richtete und richtet, entwickelte sich das sogenannte Fallgesetz, das Kausalgesetz und die Kausalität, die bindet und somit unfrei macht. Durch die Kausalität sind Menschen aneinander gebunden, die gleiche und ähnliche Ursachen geschaffen, also Ungutes verschuldet haben.

Das Kausalgesetz könnte auch als Egoismen-Gesetz bezeichnet werden. Die Ichbezogenheit des Egos läßt kein selbstloses Geben und Dienen zu. Der egoistische Mensch ist von Sein- und Habenwollen getrieben. Er trachtet nach seinem Vorteil; er nimmt, gleich raubt, von der Energie anderer. So macht der Mensch, der sich gegen die Gottes- und Nächstenliebe wendet, sich selbst – seelisch und physisch – zum persönlichen Kausalgesetz. Er selbst schafft seine Ursachen; so ist auch die Wirkung s e i n Schicksal. Der Mensch bestimmt sich selbst und ist somit sein eigenes Gesetz.

Im reinen Sein, im ewigen Reich Gottes, ist jedes Wesen das Absolute Gesetz, das Liebe ist. Infolgedessen sind alle göttlichen Wesen untereinander eins und miteinander verschmolzen im Gesetz Gottes, in der Liebe. Und alle Wesen der Liebe sind eins mit allen reinen Kräften des Seins, zu denen auch die himmlischen Naturreiche und die großen und kleinen Tiere in ihrer unermeßlichen Vielzahl gehören.

Die einzige Macht, gleich Allmacht, ist die Gottes- und Nächstenliebe. Sie währt ewig. Sie durchströmt auch die Reiche des Falls, die irdischen Naturreiche und die Erde selbst. Sie ist in der Welt, in allem aus dem Eigenwillen des Menschen Geschaffenen, oftmals latent, ebenfalls der unvergängliche positive Kern. Die göttliche Liebe erweicht und verbindet die Herzen der Menschen, die sich der Vater-Mutter-Liebe, die die Gottes- und Nächstenliebe ist, hingeben.

Das Gesetz Gottes läßt jedem Menschen die Freiheit, sich für das Leben zu entscheiden, das Liebe ist, oder für die personenbezogene Liebe. Diese hat die Vergänglichkeit im Gefolge, die Einsamkeit, das Leid und die Not, all das Kausale, das sich der Mensch selbst auferlegte und auferlegt.

Weil Gott, unser himmlischer Vater, uns unermeßlich liebt, zeigt Er, zeigt Sein Sohn, Jesus, der Christus, unser Erlöser, immer wieder die Wege auf, die in die Liebe, in die Urkraft, in die ewige

Heimat führen. Sein Wunsch und Sein Wille ist, daß viele bald in Seinem Bewußtsein, in Seinem Gesetz, der Liebe, erwachen.

Heute hören wir einen weiteren Schritt hin zur befreienden Gottes- und Nächstenliebe. Es ist die Reinigung unserer Worte. Wir wissen inzwischen, daß der „Seismograph" ein wertvoller Begleiter im Tag ist. Kurz möchte ich die schon bekannten Schritte hin zur Urkraft wiedergeben, um dann den nächsten Schritt aufzuzeigen.

Wir denken also zunächst tief in unsere Seele, in die Urkraft, hinein:

Ich bin die Ordnung in Gottes All-Ordnung.

Ich bin die Ordnung in Gottes All-Ordnung,
die mein Gemüt beleuchtet.

Ich bin die Ordnung in Gottes All-Ordnung,
die die Inhalte meiner Gedanken ausleuchtet.

Ich wiederhole:

Ich bin die Ordnung in Gottes All-Ordnung.

Ich bin die Ordnung in Gottes All-Ordnung,
die mein Gemüt beleuchtet.

Ich bin die Ordnung in Gottes All-Ordnung, die die Inhalte meiner Gedanken ausleuchtet.

Nun folgt der nächste Schritt hin zur Urkraft, zur Gottes- und Nächstenliebe.

Wir denken wieder tief, ganz tief in unsere Seele hinein:

Ich bin die Ordnung in Gottes All-Ordnung, die die Inhalte meiner Worte offenbar werden läßt.

Ich bin die Ordnung in Gottes All-Ordnung, die die Inhalte meiner Worte offenbar werden läßt.

Ich bin die Ordnung in Gottes All-Ordnung, die die Inhalte meiner Worte offenbar werden läßt.

Liebe Brüder, liebe Schwestern, es ist eine bekannte Tatsache, daß wir Menschen viel zu viel sprechen und auch Unwesentliches reden. Aus welchem Grund auch immer wir das tun, stets ist ein Teil unseres Egoismen-Gesetzes dabei. Wir wollen uns z.B. produzieren oder unsere Unsicherheit verbergen oder unsere Minderwertigkeitskomplexe überspielen. Der Seismograph, der uns – sofern wir es zulassen – auf dem Weg zur Urkraft begleitet und der uns unsere Egoismen aufzeigt, wird uns auch in Situationen ermahnen, wenn wir zu viel Unwesentliches sprechen. Gleichzeitig offenbart er, warum wir uns so verhalten.

Lassen wir dem Seismographen freien Zugang zu den Inhalten unserer Worte, nehmen wir das von ihm Offenbarte, das sich entweder in Bildfolgen zeigt oder sich im Gemüt ausdrückt, ernst, und beheben wir unsere egobezogenen Inhalte unserer Worte, so werden wir ruhiger, friedvoller und sicherer im Umgang mit unseren Mitmenschen. Ja, unsere Wortwahl ändert sich. Auch unser Sprechrhythmus verfeinert sich, weil die Inhalte unserer Worte mehr und mehr vom Gesetz der Gottes- und Nächstenliebe getragen sind.

Nutzen wir die Handreichung unseres himmlischen Vaters, indem wir diesen wunderbaren Weg gehen, dann wird sich in Kürze unser Erdenleben zum Positiven verändern. Die innere Freiheit, die wir dadurch gewinnen, führt zu Weitblick und Umblick. Am Arbeitsplatz werden wir freier gegenüber unseren Mitmenschen; das Werten und Bewerten tritt zurück. Wir spüren uns immer tiefer in den

Alltag hinein, um anderen zu helfen und zu dienen. Dadurch sind wir aufgeschlossener, meistern Probleme und Sorgen und tragen dazu bei, daß Lösungen gefunden werden, die dem Willen Gottes entsprechen. Unsere Arbeit verläuft zielgerichteter und ausgewogener. Auch in der Familie und unter Freunden werden wir versöhnlicher, aufnahmefähiger, hilfsbereiter; ja, wir werden ein wertvoller Freund und Gefährte, der seinem Nächsten mit Verständnis und Toleranz begegnet.

Lassen wir also zu, was Gott will, dann gewinnen wir viel, viel Leben.

Liebe Brüder, liebe Schwestern im Geiste unseres Erlösers, in diesem Sinne einen herzlichen und göttlichen Gruß,

Gabi

Ich bin das Leben
in Gottes Tatwerk, in Seiner
Schöpfung, für Mensch, Natur
und Tiere.

Ordnung 5

Ordnung 5

Liebe Brüder, liebe Schwestern in Christus, der Geist unseres himmlischen Vaters ist das Leben. Einzig Gott ist gut. Unser himmlischer Vater, die Güte selbst, möchte uns ganz bei sich, in Seinem Schoß, dem Ozean des Lebens, wissen. Seine urewige Kraft, die Liebe, strahlt verstärkt durch Seinen Sohn, Christus, den Mitregenten der Himmel, in diese Welt.

Gerade in dieser Erdenzeit strömt das Christus-Gottes-Licht besonders intensiv um den Erdball. Sein Licht, Sein Offenbarungswort, das über Rundfunk und Fernsehen um die ganze Erde geht, ist einmalig im ganzen Fallgeschehen.

Manch einer von uns merkt, daß etwas in Bewegung gekommen ist. Er sieht es bei einem Blick in diese Welt, wo Katastrophen sich zunehmend häufen, wo Gewalt und mannigfache niedere Instinkte sich austoben, was sich besonders in der Ausbeutung und Übervorteilung von Schwächeren, vor allem aber in den gewissenlosen und grausamen Vergehen an der Natur, der Mutter Erde und der

Tierwelt zeigt. Viele Menschen gehen immer brutaler gegen ihre Mitmenschen und die Tiere vor. Obwohl in den Medien längst nicht alles berichtet wird – wer zwischen den Zeilen zu lesen versteht, der erfaßt das unglaubliche Ausmaß des Bösen, das in vielfältigen Abscheulichkeiten und Abartigkeiten zum Ausdruck kommt. Die böse Saat, gesät seit Jahrtausenden – Schuld, die nicht gesühnt, nicht getilgt ist –, geht nun auf. Die Früchte des Bösen werden sichtbar. Die Ernte ist in vollem Gange.

Was nicht im Gesetz Gottes schwingt, was nicht Seiner Ordnung entspricht, entlarvt sich jetzt selbst; es kommt ans Tageslicht. Diese Entwicklung macht auch vor den Institutionen Kirche keinen Halt. Das Üble, der Schmutz unter den sogenannten „heiligen" Gewändern, wird offenbar; die Bestürzung weckt so manches Kirchenschaf aus seinem Schlaf. Die sich stets honorig gebende Kirche erleidet einen rasant fortschreitenden Vertrauensschwund in der Bevölkerung überall auf der Erde. So nimmt auch hier das selbstverschuldete Schicksal seinen Lauf. Das nimmt nicht wunder – trägt doch die Priesterkaste die Hauptschuld an dem Desaster, das die Mutter Erde zu tragen und zu ertragen hat.

Doch der wache Zeitgenosse spürt und registriert auch die Macht des ewigen Geistes, den Strom göttlichen Lichtes, das sich unaufhaltsam in die tiefsten Bereiche des Falls ergießt. Der Christus Gottes strahlt, strahlt und strahlt. Er umstrahlt nun die ganze Erde, strahlt ein in die Kontinente und in die Herzen jener Menschen, die bereit sind, Sein Wort zu vernehmen und auch die Schritte hin zu Ihm, Christus, zu tun.

Die einmalige Chance, in den Tagen, bevor diese Welt vergeht, noch eine wesentliche Teilstrecke des Inneren Weges, der zu Gott in die ewige Heimat zurückführt, hinter sich zu bringen, ist jedem geboten. Jesus, der Christus, wird jedoch nicht alle Menschen erreichen können, weil sie nur Hörer des Wortes Gottes sind, aber die Taten der Liebe vergessen.

Seit Jahrtausenden wirken gottabgewandte Kräfte auf dieser Erde dahingehend, daß Menschen entgegen Gottes Ordnung, entgegen Seinem Gesetz der Liebe, entgegen Seiner Schöpfungseinheit denken und handeln. Leider sind auch heute viele von der Priesterkaste geprägt. Diese wußte und weiß geschickt ihre niederen Beweggründe und Ambitionen hinter einer glanzvollen Maske und volltönenden Worten zu verbergen. Kirchenfunktionäre wirken immer noch auf jene ein, die ihnen blind nachfolgen. In den Herzen und im Bewußtsein vieler Menschen wirkt ihre unheilvolle, ja verderbliche Ausschüttung. Viel zu viele hören immer noch auf die Priesterkaste. Bis zum heutigen Tag fallen Menschen mit dem Herdentrieb auf die schönen, jedoch hohlen Worte herein.

Christus ist das Lebensgesetz des Guten. Er lebte, was Er lehrte. Er lehrte den Frieden, die Brüderlichkeit in der Gottes- und Nächstenliebe. Das ist das innere Christentum, das auch im Äußeren in allen Lebensbereichen zum Ausdruck kommen und in das Reich des Friedens auf Erden einmünden sollte.

So manch einer merkt nicht, daß der Friedefürst, Jesus, der Christus, auf das schändlichste und niederste kirchlich institutionell vermarktet wird. Die wahren christlichen Werte wie Gleichheit, Freiheit, Einheit, Brüderlichkeit und Gerechtigkeit werden allenfalls im Munde geführt. Die Priesterkaste legt einzig Wert darauf, ihre Pfründe, ihr Ansehen und ihren Reichtum zu bewahren.

Trotz dieser Gegensätzlichkeiten, die sich immer mehr auftun und diese Welt in den Abgrund stürzen, strömt das Licht der Liebe mehr und mehr auf die Erde, in diese Welt zu den Menschen, die guten Willens sind. Wer das Weltdesaster zu beobachten und auch zu analysieren vermag, der erkennt, daß wir Menschen vor einer mächtigen Zeitenwende stehen, in welcher der Geist Gottes ganz allmählich Ordnung schafft. Die kosmische Zeitspanne der Bewährung neigt sich dem Ende zu.

Der Ruf des Christus Gottes geht weltweit hinaus. Er lautet immer wieder: Rette sich, wer sich retten lassen möchte, bevor diese Welt vergeht!

Viele von uns wissen, daß der Rettungsanker allein Christus, unser Erlöser in Gott, unserem Vater, ist, die Urkraft, das Licht im Seelengrund jedes Menschen und auch in jeder entkörperten Seele, die sich in den Stätten der Reinigung aufhält.

Ich möchte noch einmal wiederholen, um uns Gelegenheit zu geben, es tief in unser Herz fallen zu lassen, auf daß es unser Herz berührt: Wie nie zuvor in der Geschichte der Menschheit strahlt in dieser Zeit das Gotteslicht um diese Erde, unaufhaltsam, anhaltend und mit einer Macht ohnegleichen. Durch die jetzt jahrzehntelange intensive göttliche Strahlung – ein Potential höchster geistiger Energie, das zum Teil schon von den Propheten des alten Bundes aufgebaut wurde und vor allem von Jesus, dem Christus, durch Seine Erlösertat – formierte sich eine mächtige Christus-Atmosphäre. Diese leuchtende atmosphärische Schicht gleicht einem kosmischen Strahlenband, das sich um die Mutter Erde gelegt hat und sich zunehmend verstärkt – eine Lichtstraße also, auf der Christus, der Mitregent der Himmel, zur Erde wandelt, um alles das, was die Erde bis zu Seiner geistigen Wiederkunft noch trägt, in die Urstrahlung, ins Geistige, in das Bewußtsein des göttlichen All-Lebens, zu erheben.

Wer mit wachen Augen diese Welt in Augenschein nimmt, der erkennt, daß das göttliche Prinzip wirksam ist: Unzählige Tierarten werden hinweggenommen. Ihre Lebensstrahlen oder Teilseelen kehren zurück in ihr göttliches Bewußtsein, um im All-Kosmos gemäß ihrem Geistbewußtsein weiterzuleben und sich weiterzuentwickeln. Im Laufe der Ordnungszeit auf dieser Erde werden auch immer mehr Menschen hinscheiden. Immer weniger Seelen werden zur Einverleibung gehen, unter anderem, weil es ihnen nicht mehr möglich ist. Denn: Eine von Christus angehobene Erde, die durch das Ordnungsprinzip lichter geworden ist, wird nur Lichteres beherbergen und nur so viele Menschen, Tiere und Pflanzenarten tragen, wie es dem Garten Gottes, der lichteren Erde, entspricht.

Hat der Christus Gottes die Erdstrahlung angehoben, dann ist die göttliche Ordnung auf Erden weitgehend vollzogen. Dann heißt es: Welcher Mensch erfüllt den Willen Gottes?

So kann gesagt werden, daß wir Menschen uns noch in einer chancenreichen Zeit befinden. Obwohl Gottes All-Ordnung schon eine geraume Zeit auf der Erde wirkt, gibt uns der Geist unseres himmlischen Vaters in Christus, unserem Erlöser, immer noch die Möglichkeit, unser Erdenleben zu ordnen und es neu, also geistig, zu gestalten, um unserer ewigen Heimat näherzukommen und vor allem Gott, unserem ewigen Vater.

Machen wir uns bewußt: Einzig Christus ist die Hilfe für jeden Einzelnen von uns. Er ist unsere Rettung, denn Er kennt jeden Einzelnen. Er weiß um uns. Einzig Er ist der Weg ins Vaterhaus. Wer sich führen läßt, den nimmt Christus an der Hand. Jeden von uns lädt Er ein, die Weisungen Seines Vaters, der unser aller Vater ist, ernstzunehmen, um aus dem gefährlichen Weltchaos herauszugelangen. Nur der Christus-Gottes-Geist weiß, wie lange diese Welt noch besteht. Doch Er mahnt und mahnt. Und wer Seine Mahnungen ernstnimmt, dem ist bewußt, daß die Zeit ernst und jede Stunde kostbar ist.

Viele Menschen haben schon viele Hinweise vom Gottesgeist empfangen. Nun reicht Er uns noch einmal Seine Hand. Uns wird die unmittelbare Straße zum Leben gezeigt, die Ordnung in Gottes All-Ordnung offenbart, die wir im Alltag, vor allem bei uns selbst, anwenden können.

Kommen wir nun zur All-Ordnung im Tatwerk Gottes, das die Einheit im Schöpfungswerk des Allmächtigen ist. Dem göttlichen Schöpfungswerk wird der Mensch nicht nur gerecht, indem er das Prinzip der göttlichen All-Ordnung auf die Arbeit in seinem persönlichen Alltag bezieht, sondern indem er sich auf das Gotteswerk ausrichtet, das die Gottes- und Nächstenliebe ist. Diese ist sowohl am Arbeitsplatz zu verwirklichen als auch in der Nächstenliebe für alle Menschen, für alle Tiere, für alle Lebewesen und Lebensformen, die die Mutter Erde trägt, ebenso für die Elementarkräfte, die zur Erde gehören.

Bevor wir jedoch zur All-Ordnung im Tatwerk Gottes kommen, möchte ich die schon gegebenen kosmischen Aufgaben kurz erläutern, die wir nun tief in unsere Seele, in die Urkraft, hineinfließen lassen. Sie lauten:

Ich bin die Ordnung in Gottes All-Ordnung.

Ich bin die Ordnung in Gottes All-Ordnung,
die mein Gemüt beleuchtet.

Ich bin die Ordnung in Gottes All-Ordnung,
die die Inhalte meiner Gedanken ausleuchtet.

Ich bin die Ordnung in Gottes All-Ordnung, die
die Inhalte meiner Worte offenbar werden läßt.

Ich wiederhole:

Ich bin die Ordnung in Gottes All-Ordnung.

Ich bin die Ordnung in Gottes All-Ordnung,
die mein Gemüt beleuchtet.

Ich bin die Ordnung in Gottes All-Ordnung,
die die Inhalte meiner Gedanken ausleuchtet.

Ich bin die Ordnung in Gottes All-Ordnung, die
die Inhalte meiner Worte offenbar werden läßt.

Nun folgt der nächste Schritt näher zu Gott in uns. Er lautet:

***Ich bin das Leben in Gottes Tatwerk,
in Seiner Schöpfung, für Mensch, Natur
und Tiere.***

Denken wir diese Worte noch einmal intensiv tief in unser Inneres hinein, in das Innerste unserer Seele:

***Ich bin das Leben in Gottes Tatwerk,
in Seiner Schöpfung, für Mensch, Natur
und Tiere.***

Ich darf noch einmal wiederholen:

***Ich bin das Leben in Gottes Tatwerk,
in Seiner Schöpfung, für Mensch, Natur
und Tiere.***

Liebe Brüder, liebe Schwestern in Christus, das sind wahrlich Worte des Lebens, denn sie sind aus der göttlichen Einheit zu uns Menschen gesprochen.

Wir Menschen sollten uns bewußt machen, daß Gott Liebe und Einheit ist. Diese Bewußtwerdung läßt uns erkennen, wie kurzsichtig wir waren – und eventuell noch sind –, dann, wenn wir uns nur um unsere kleine Sinneswelt drehen, die nur sich selbst sieht und wahrnimmt, eventuell gerade noch die Familie oder die Arbeitskollegen und -kolleginnen.

Schulen wir unsere Sinne, indem wir uns immer öfter am Tag den Ordnungsgedanken der Liebe und Nächstenliebe bewußt machen: „Ich bin das Leben in Gottes Tatwerk, in Seiner Schöpfung, für Mensch, Natur und Tiere“ – dann wird uns der innere „Seismograph“ auch aufzeigen, wo sich derzeit unsere Sinneswelt aufhält. Der Mahner und Impulsgeber, den wir „Seismograph“ nennen, wird uns die Erkenntnis nahelegen, ob wir noch an unsere kleine persönliche Welt gebunden sind, oder ob wir schon ein wenig über den Tellerrand unseres Gebundenseins hinausblicken. Dann werden wir uns auch Christus anvertrauen, Ihm unsere Hand reichen, damit Er uns zum ewigen Vater zu führen vermag, hin zum Leben, hin zur Urkraft, hin zu unserem wahren Sein tief in unserem Seelengrund.

Bitte, liebe Brüder, liebe Schwestern, laßt den Seismographen nicht außer acht. Er könnte uns zu einem wertvollen Begleiter werden, denn er macht uns über unsere Gefühle und über unser Gewissen auf das aufmerksam, woran wir noch gebunden sind, wo die Unfreiheit uns noch gefangenhält.

Darf ich euch, uns alle ermuntern, das Gefängnis, den Kerker des Eigenwillens, des Eigenbrötler-Seins zu verlassen? Denn im wahren Leben, im All-Leben Gottes, scheint das Ur-Licht, das uns umfangen, uns schützen und führen möchte – es ist der Christus Gottes, der auf uns wartet und uns ruft: Rette sich, wer sich retten lassen möchte, bevor diese Welt vergeht!

Ich bin das Leben in Gottes Tatwerk, in Seiner Schöpfung, für Mensch, Natur und Tiere.

Welch eine Bedeutung gerade dieser neue Satz, mit dem wir das Absolute Gesetz in uns ansprechen, für uns hat, wird deutlich, wenn wir uns einmal folgendes bewußt machen:

Das universelle Werk des großen Gottes, Seine herrliche Schöpfung, wäre niemals zur Vollendung gelangt, hätte niemals wachsen und weiter Gestalt annehmen können, wenn Gott, der Schöpfer allen

Seins, es beim Schöpfungsgedanken, beim Wort, belassen hätte. Es heißt jedoch sinngemäß: „Gott sprach ..., und es ward ...“ Es ward, es wurde also. Dem Wort folgte die Tat. Auf Sein Wort hin entstand die Allschöpfung des Seins.

So wir möchten, könnten wir in einer stillen Stunde auch über folgendes nachdenken: Was macht einen Menschen wertvoll? Sind es seine Worte, oder sind es seine Taten? Wem nützt ein Mensch, der nur schöne Worte redet, der eventuell in großen Worten von hohen Werten spricht – wenn dieser Mensch nicht auch entsprechend handelt?

Nochmals möchte ich uns die Worte der Befreiung, die Liebe und Einheit bedeuten, nahebringen.

Wieder denken wir in unsere Seele, tief in den Urgrund der Seele, hinein:

Ich bin das Leben in Gottes Tatwerk, in Seiner Schöpfung, für Mensch, Natur und Tiere.

Ich bin das Leben in Gottes Tatwerk, in Seiner Schöpfung, für Mensch, Natur und Tiere.

Ich bin das Leben in Gottes Tatwerk, in Seiner Schöpfung, für Mensch, Natur und Tiere.

Liebe Brüder, liebe Schwestern, nehmen wir die Handreichungen des ewigen Geistes der Liebe an, der einzig gut ist! Seine Güte zeigt uns noch einmal den wunderbaren und unmittelbaren Weg auf, damit wir in Kürze unser Erdenleben zum Positiven verändern können. Wir verlieren nichts – wir gewinnen!

Wir gewinnen innere Freiheit und Offenheit. Wir erleben die Sensitivität unserer Sinne. Wir erlangen Weitblick und Umblick und leben das Gebot der Stunde, das Gottes- und Nächstenliebe heißt. Wir erlernen das tiefe Spüren und erfassen im Alltag um vieles mehr. Dadurch können wir auch anderen helfen und ihnen dienen. Aus Problemen und Sorgen arbeiten wir Lösungen heraus, die dem Willen Gottes entsprechen. Wir beginnen, bewußter zu leben; wir werden am Arbeitsplatz viel bewußter arbeiten. Unseren Mitmenschen gegenüber werden wir versöhnlicher, aufnahmefähiger und hilfsbereiter.

Wertvolle Menschen sind heutzutage so selten. Doch wer sich an der Hand des Christus Gottes weiß, der wird ein wertvoller Freund und Gefährte, ein Mensch der Gottes- und Nächstenliebe, der gegenüber seinen Mitmenschen Verständnis und Toleranz übt. Wer sein Herz für das Leben öffnet, der tut, was Gott will. Er spürt, daß in ihm ewiges Leben pulsiert. Mit Freude und Dankbarkeit wird er dann sagen: Ich gewinne mehr und mehr viel, viel Leben!

In diesem Bewußtsein, liebe Brüder und Schwestern, einen herzlichen und göttlichen Gruß!

Gabi

*Ich bin der Wille
in Gottes Schöpfungswillen,
der mein Gemüt erhellt
und der Inhalt
meiner Gedanken ist.*

Wille 1

Wille 1

Liebe Brüder, liebe Schwestern in Christus, hören wir die Botschaft der göttlichen Liebe und Weisheit.

Wer mit wachen Augen in diese Welt blickt, der sieht und erfährt, daß in allen vier Himmelsrichtungen, im Osten, im Westen, im Süden, im Norden, diese Welt im Pfuhl der Sünde liegt, denn Katastrophen, Hungersnöte und Pestilenzen reichen sich gewissermaßen die Hand.

Trotz dieser vielen Hinweise darauf, daß diese Welt dem Abgrund zusteuert und Teile davon schon abgestürzt sind, glauben viele Menschen immer noch den betörenden und beschwichtigenden Reden der Politiker, die bemüht sind, Schwarzes in Weiß zu färben. Leider sind viele Menschen nicht in der Lage, die Botschaft des Weltdesasters und die geschliffenen Reden der Politiker zu analysieren. So mancher glaubt das, was ihm vorgesetzt wird; er glaubt, dieses sei die Wahrheit. Doch in Wirklichkeit sind es nur Fußangeln, die mit hoffnungsvollen Sprüchen verziert sind, um zu tarnen, was damit bezweckt werden soll.

Bei näherer Betrachtung erkennt der gute Analytiker, daß die gleichgültigen und willenlosen Menschen an die Aussagen der Politiker gebunden werden sollen, die den Menschen immer noch eine künftig bessere Welt vorgaukeln. Man spricht vom wirtschaftlichen Aufwärtstrend, was – entsprechend dem Wunschtraum vieler – besagt: mehr Geld, um flotter leben zu können. Diese Fußangelei läßt nicht nur den allwaltenden Geist außer acht, Seinen absoluten Willen, sondern ignoriert auch – und das vor allem –, daß die Erde und die Elementarkräfte nun mal anders reagieren, als die Regierenden es den Menschen weismachen wollen. Die Weißfärberei wird sich jedoch in Bälde als Trugbild erweisen; die Schwärze des Ist-Zustandes wird erneut zutage treten. Denn sowohl die Politiker als auch die Kirchenvertreter, die bekanntlich in einem Boot sitzen, und ebenfalls all jene, die beiden Ego-Parteien, Politik und Kirche, huldigen, lassen den Willen Gottes, Sein heiliges Gesetz, nicht nur außer acht, sondern stellen sich bewußt gegen Gottes Willen und Seine Schöpfung.

Die allermeisten „Großen“ dieser Welt, zu denen das Volk aufblickt, die Götzengötter, ignorieren die Tatsache, daß sie nicht die Schöpfer der Erde und auch nicht die Schöpfung selbst sind. Solche und ähnliche Götzenmißgeburten maßen sich an, gegen Den zu agieren, dessen All-Strahlung schon längst den Zerfall dieser Welt angekündigt hat.

Mit „Welt“ bezeichne ich nicht den Planeten Erde, dessen leuchtender Wesenskern dem reinen Sein angehört. Die „Welt“ ist vielmehr das Gefüge menschlicher Un-Ordnung, das auf dem Egoismus aufgebaut ist. Es ist gekennzeichnet durch Machtgier, Herrschaft, Unterdrückung, Ausbeutung und Gewalt.

Gottes All-Kraft, das All-Leben, Sein heiliges Gesetz, strahlt immer intensiver ein in die Un-Ordnung, in das Un-Heil dieser Welt. Denn am Ende des Bestehens jeglicher menschlicher Vermessenheit steht allemal: Gottes Wirken nach Seinem heiligen Willen, nach Seinem Absoluten Gesetz. Was dem entgegensteht, zerstört sich letztlich selbst.

Der Mensch hat vergessen, was die Gebote Gottes und die Lehren des Jesus, des Christus, uns sagen wollen. Diese Gesetzmäßigkeiten besagen, daß, wenn diese Welt vergeht, Gott in Christus der Sieger über die teuflischen Experten ist, die bis heute der Ansicht sind, sie könnten Gottes Werke verbessern.

Wir Menschen stehen in einer mächtigen Zeitenwende. Das Gesetz Gottes leitet die neue Zeit ein, die Zeit des Geistes. Gott hat das „Es Werde“ gesprochen: Es werde ein neuer Himmel und eine neue Erde. – Von dieser Welt und dieser Weltlage sprach Er nicht. Also hat Gott diese nicht in Seinem „Es Werde“. Daher der Ruf des Jesus, des Christus: Rette sich, wer sich retten lassen möchte, bevor diese Welt vergeht!

Das Wort des Allmächtigen in Christus, unserem Erlöser, strömt in Fülle um den Erdball. Auf allen Kontinenten ist es in vielen Sprachen zu hören und zu lesen. Christus, unser Erlöser, der Mitregent der Himmel, nimmt sich eines jeden willigen Menschen an, um ihn in das Innere Leben zu geleiten, um sodann seine Seele dem himmlischen Vater zuzuführen, der mit Sehnsucht auf Sein geliebtes Kind, Seinen geliebten Sohn, Seine geliebte Tochter, wartet. Christus reicht uns Seine Hand. Er tut dies ganz besonders durch den Inneren Weg zu Gott im Zentrum unserer Seele; denn das Reich Gottes, unsere wahre, ewige Heimat, ist als Essenz, Kraft und Licht in uns.

Der Weg nach Innen ist der Weg ins Glücklichsein, in die Freiheit und Gesundheit, denn wenn die Seele lichter wird, sind auch unsere Körperzellen durchströmt von dem Leben, das Gott ist.

Gott ist Licht.

Lassen wir das Licht Gottes in unserer Seele und in unseren Körperzellen leuchten, dann fühlen wir uns frischer, beschwingter, glücklicher, hoffnungsvoller und gesünder, bis ins hohe Alter. Den Weg zum Leben, der uns frei macht, kann jeder Mensch beschreiten, sowohl der junge Mensch als auch der ältere. In Gott gibt es kein Alter, sondern für den physischen Leib die Frische, das Jugendliche und Spontane, bis das Leben sich in diesem Sinne in der feinerstofflichen Welt fortsetzt, im Sinne des beglückenden, durchsonnten und freudigen wahren Lebens. Dort wandert die Seele des durchlichteten Menschen sodann Dem zu, dem er als Mensch in Liebe und Dankbarkeit gedient hat. Er, der große All-Eine, schenkte dem Menschen die Frische, die Gesundheit, die frohen und hoffnungsvollen Jahre und geleitete seine Seele hinüber in das Leben, das ewig währt.

Ist Gott die leuchtende Mitte in unserem Denken und Verhalten geworden, dadurch, daß wir nach der Erfüllung der Gesetzmäßigkeiten des Lebens streben, dann werden wir auch zunehmend dankbar sein für Sein Wort der Urkraft und glücklich darüber, daß wir dieses, von der göttlichen Ordnung an, empfangen dürfen.

Immer mehr Menschen sehnen sich nach dem Wort der Urkraft, dem Gesetzeswort aus Gott, das nach Innen in das Reich des Friedens führt, in die ewige Heimat, die keine Schatten kennt, in der das Ur-Licht leuchtet und alle Wesen und alles Sein durchstrahlt.

Weil immer mehr Menschen dieses Bedürfnis kundtun und die Bitte an das Universelle Leben richten, das Ur-Licht, den Gesetzesweg, zu wiederholen, will ich dies gerne tun.

Wir rufen uns also zunächst das Ur-Licht ins Bewußtsein, das uns sodann den weiteren Schritt aufzeigt. Dieser wird dem zur Freude, der die Ordnungshinweise aus dem Gesetz des urewigen Seins weitgehend erfüllt hat.

Ich wiederhole:

Ich bin die Ordnung in Gottes All-Ordnung.

Ich bin die Ordnung in Gottes All-Ordnung,
die mein Gemüt beleuchtet.

Ich bin die Ordnung in Gottes All-Ordnung, die die Inhalte meiner Gedanken ausleuchtet.

Ich bin die Ordnung in Gottes All-Ordnung, die die Inhalte meiner Worte offenbar werden läßt.

Ich bin das Leben in Gottes Tatwerk, in Seiner Schöpfung, für Mensch, Natur und Tiere.

Nun folgt der nächste Schritt, der den Willen Gottes in uns, in unserem Gemüt und in unseren Gedanken, anspricht.

Liebe Brüder, liebe Schwestern, das wahre Leben strahlt im Urgrund unserer Seele; es ist Gott, das Ur-Licht. Deshalb versenken wir uns in das Christus-Gottes-Zentrum, das in der Nähe unseres Herzens pulsiert, denn der Ewige und Christus sind eins, ein Geist, ein Licht, göttliche Kraft, Liebe und Weisheit.

Nehmen wir nun den angekündigten nächsten Schritt hin zum göttlichen Willen mit unserem Herzen auf. Ich werde ihn einige Male wiederholen. Er lautet:

Ich bin der Wille in Gottes Schöpfungswillen, der mein Gemüt erhellt und der Inhalt meiner Gedanken ist.

Ich bin der Wille
in Gottes Schöpfungswillen, der mein Gemüt erhellt und der Inhalt meiner Gedanken ist.

Ich bin der Wille
in Gottes Schöpfungswillen, der mein Gemüt erhellt und der Inhalt meiner Gedanken ist.

Lassen wir noch einmal diesen Satz aus dem All-Gesetz des Ewigen tief in unser Herz, ja in unsere Seele hineinfließen, in der absoluten Bejahung:

Ich bin der Wille
in Gottes Schöpfungswillen, der mein Gemüt erhellt und der Inhalt meiner Gedanken ist.

Liebe Brüder, liebe Schwestern, ich möchte an dieser Stelle auf den Seismographen hinweisen, der uns gerade bei der Gesetzesansprechung ein wertvoller Begleiter ist. Er hebt die tieferen Schichten des Ober- und Unterbewußtseins an, auf daß wir den wunderbaren Lebensweg gewissenhaft und standhaft gehen können. Er hilft uns, tiefer zu blikken, damit wir uns selbst nichts vormachen hinsichtlich unseres geistigen Werdegangs. Der Seismograph ist also ein Ermittler der tieferen Schichten unserer Eingaben in das Ober- und Unterbewußtsein und in unsere Seele. Er vermittelt uns, wer wir in Wahrheit, menschlich gesehen, noch sind und was wir auch in die Speicherplaneten, in die Reinigungsebenen, eingegeben haben.

Wer den Seismographen ohne sein allzumenschliches „Wenn und Aber" oder „Das kann nicht sein; so bin ich nicht!" wirken läßt, für den wird jeder Tag zum Selbsterlebnis. Er erfährt ohne Beschönigung, wer er wirklich noch ist. Das zu erleben, kann unter Umständen sehr schmerzhaft, eventuell sogar erschreckend sein. Doch was nützt es, den Ermittler, den Seismographen, auszuschalten oder sich dagegen zur Wehr zu setzen! Wir haben uns selbst unser gottfernes Fühlen, Denken, Reden, ja unser Verhalten gegen die Gottes- und Nächstenliebe eingegeben. Irgendwann kommt unser ichbezogenes Wollen zum Vorschein, entweder in diesem Erdendasein oder in einer weiteren Inkarnation. Oder wir erleben unsere noch bestehenden Egoismen dann, wenn wir unseren physischen Körper abgelegt haben und uns als Seele in den Reinigungsebenen aufhalten, die mit unseren aktiven Eingaben schwingungsmäßig übereinstimmen.

Jesus, der Christus, spricht Sein Wort in unsere Seele hinein, das lautet: Rette sich, wer sich retten lassen möchte, bevor diese Welt vergeht. – Diese Seine Worte beinhalten viel. Auf jeden Fall sagen sie uns: Wir sollten uns keinen geistigen Müßiggang leisten; wir sollten unser Erdenleben in die Hand nehmen, damit Christus uns führen kann. Folgen wir Seinem Angebot, so gehen wir sicheren Schrittes, geleitet und geführt von Ihm, voran – auf dem Weg des Lebens zum Absoluten Leben, das Gott, die Liebe, ist.

In der Erkenntnis, daß wir unsere Erdenzeit nützen sollten, um den Lebensweg zu Gott, unserem Vater, zu gehen, wiederhole ich den Gesetzesschritt, der uns auf dem Weg hin zum wahren Leben ein weiteres Licht ist, das uns leuchtet und das uns erleuchtet, wenn wir es möchten. Ich wiederhole also die Worte, auf daß sie Eingang in unser Inneres finden:

Ich bin der Wille
in Gottes Schöpfungswillen,
der mein Gemüt erhellt und der Inhalt
meiner Gedanken ist.

Ich bin der Wille
in Gottes Schöpfungswillen,
der mein Gemüt erhellt und der Inhalt
meiner Gedanken ist.

Ich bin der Wille
in Gottes Schöpfungswillen,
der mein Gemüt erhellt und der Inhalt
meiner Gedanken ist.

Liebe Brüder, liebe Schwestern, Leben gewinnen heißt Gott erleben, denn Gott ist Leben.

In diesem Bewußtsein – Leben gewinnen, um Gott zu erleben – wünsche ich euch, ja uns allen, daß Gott die leuchtende und beseligende Mitte in unserem Gemüt, in unseren Gedanken und Worten ist und bleibt. Darin besteht der höchste Gewinn in unserem Erdendasein. Das ist: viel, viel Leben!

Einen innigen und göttlichen Gruß!

Gabriele

Ich bin der Wille
in Seinem Schöpfungswillen
des Es Werde.
Es werde lichter und lichter
in meinem Bewußtsein.
Meine fünf Sinne erhellen sich.

Wille 2

Wille 2

Liebe Brüder und liebe Schwestern in Christus! Wie ergeht es wohl dem Menschen, der zum ersten Mal hört: „Gott ist das Absolute Gesetz“? Wird er eventuell ein wenig scheu zurückweichen vor dem Begriff „Gesetz“? Daher soll noch einmal gesagt sein, welcher Art das Gesetz Gottes ist:

Gottes Gesetz ist alles in allem die Liebe, die Gottes- und Nächstenliebe. Gottes Gesetz ist das Leben, das unaufhörlich strömende Leben. Gottes Gesetz ist also strömendes Licht, das Ur-Licht – höchste, unendliche Kraft, Weisheit und Güte; denn Gott ist gut.

Sprechen wir Aspekte des Absoluten Gesetzes an, so sprechen wir das Ur-Licht an, das im Innersten unserer Seele ewiges Leben ist.

Auch heute reicht uns der Geist unseres himmlischen Vaters Seine Hand in einer weiteren Schulung mit Ansprechung des Absoluten Gesetzes.

Gott, der Ewige, schenkt uns diese einzigartige Schulung, damit wir mit der Kraft des Ur-Lichtes unser Bewußtsein erweitern können. Dann verfeinern sich allmählich unsere fünf Sinne; wir erleben bewußter und intensiver das allgegenwärtige Leben.

Unsere fünf Sinne können wir mit Antennen vergleichen. Sind unsere Sinne auf die Welt, auf das Allzumenschliche, ausgerichtet, so nehmen wir nur äußere Dinge und Situationen wahr – und davon auch nur das, was die niedrig schwingenden, physischen fünf Sinne gespeichert haben. Das heißt, die fünf Sinne sind dann gröber, weil sie nur auf die Materie und auf bestimmte Aspekte des irdischen Daseins eingestellt sind, die wir in unserem weltzugewandten Bewußtsein gespeichert haben.

Unser Bewußtseinsstand gibt also unseren Sinnen die Richtung vor. Ist unser Bewußtseinsstand niedrig, das heißt, auf diese Welt und auf das egoistische Menschliche bezogen, so ist demgemäß die Sinneswahrnehmung eingeschränkt; sie ist auf die Welt materieller Erscheinungen vorprogrammiert. Dann nehmen wir nur das wahr, was unserem Alltagsdenken entspricht.

Ist unser Bewußtsein hingegen auf Gott, den All-Sender, das Ur-Licht, ausgerichtet, auf den Gottesgeist, dann verfeinern sich auch unsere Sinne.

Wir empfinden feiner. Wir nehmen mehr wahr und erfassen tiefere Zusammenhänge, auch in der Natur- und Tierwelt.

Haben wir unser Bewußtsein kosmisch ausgerichtet, das heißt, ist Gott, der Geist, das Leben, in unseren Gefühlen, Empfindungen, Gedanken, Worten und Handlungen aktiv, dann haben wir ein sehr weites Sende- und Empfangspotential. Wir sehen tiefer, wir hören das, was für ein begrenztes Bewußtsein nicht wahrnehmbar ist. Wir riechen und tasten gemäß der inneren Führung und werden bewußt speisen, weil auch die Nahrung gegenwärtiges Leben ist.

Steht unser Bewußtsein in Kommunikation mit dem mächtigen All-Sender GOTT, so sind unsere Sinne mit einem kosmischen Radarschirm zu vergleichen, der in das All zu lauschen vermag; er nimmt die zarten Regungen der Natur und der Tierwelt auf, die wir sodann auch vernehmen. Der feine kosmische Sinnes-Radarschirm lotet ebenso die Worte des Mitmenschen aus und nimmt aus dem Verhalten, aus der Körperhaltung, aus der Gestik und Mimik, aus der gesamten Erscheinung des Menschen seine Gesinnung wahr.

Wer diesen hohen Stand des göttlichen Bewußtseins erreicht hat, wird nicht mehr urteilen oder richten. Warum? Weil er die Bewußtseinsschritte aus dem Kerker „Der andere ist schuld; der andere ist einfältig“ und, und, und getan, weil er in das Bewußtsein unpersönlichen Lebens gefunden hat.

Immer wieder hören wir in den Ur-Licht-Sendungen, daß dieser wunderbare und einmalige Schulungsweg ein kurzer, aber intensiver Weg ist, um dem All-Leben, dem Ur-Licht GOTT, in uns näherzukommen, bevor diese Welt vergeht.

Blicken wir in diese chaotische Welt, dann erkennen wir, daß alles, aber auch alles aus den Fugen gerät. Und was wir über die Medien lesen, hören und sehen, ist nur ein Bruchteil dessen, was wirklich vor sich geht. Alle guten Werte werden wertlos, alle guten Sitten bröckeln immer mehr ab. Menschen werden immer brutaler. Ähnlich, wie die meisten Menschen sich gegen ihre Mitmenschen verhalten, handeln sie auch gegen die Tier- und Pflanzenwelt, gegen die Mutter Erde.

Das Bewußtsein vieler Menschen wird immer enger, der Bewußtseinsstand niedriger. Die meisten denken nur noch an sich, in dem Bestreben, wie sie ihre Haut sowie ihr Hab und Gut retten können – und das oftmals ungeachtet dessen, ob Mitmenschen dadurch benachteiligt oder gar geschädigt werden.

In Wirklichkeit hat nichts mehr Bestand. Schwindet die Körperkraft durch Krankheit, Not, Siechtum und Hunger dahin, dann nützen auch Hab, Gut und Reichtum nichts mehr, von denen viele abhängig sind. Mit Geld kann man sich nicht das Leben erkaufen; deshalb heißt es beim Ur-Licht, bei der Ansprechung des Absoluten Gesetzes: Rette sich, wer sich retten lassen möchte!

Manch einer glaubt, er sei vom Leben benachteiligt worden. Schon von der Kindheit an spüre er das Joch des Erdendaseins, die Knappheit der Mittel, um das Leben so zu genießen, wie viele andere es tun. Und fragen wir „Wer ist es denn konkret, der uns benachteiligt?“, so werden meist die Eltern genannt. Auf der Suche nach Schuldigen können dem Sich-Bedauernden auch weitere Mitmenschen in den Sinn kommen oder das Schicksal, für das dann vermeintlich Gott die Schuld haben soll. Überhaupt sei Gott so streng, ja hart in Seinen Geboten, die Er den Menschen auferlegt habe, heißt es dann oft.

Doch wer die Gesetze des Lebens mehr und mehr erkennt und die Zehn Gebote näher betrachtet, der spürt, daß Gott nicht bestimmt und „auferlegt“. Denn Er spricht immer wieder „du sollst“ und nicht „du mußt“. Wer also hat über uns das „Muß“ gesprochen? – Wir selbst! Wir selbst haben uns das alles zugedacht und zugesprochen, womit wir unter Umständen jetzt, in diesem Erdenleben, zu ringen haben.

Wer um die Reinkarnation weiß, dem ist bekannt, daß jeder Mensch jeden Tag, jede Stunde, jede Minute und jeden Augenblick an seinem „Bauplan“ für eine eventuelle neue Einverleibung seiner Seele arbeitet. Diesen Bauplan erstellen wir mit den Inhalten unserer Gefühle, Empfindungen, Gedanken, Worte und Handlungen. Die Inhalte, der Gehalt unserer Werke bestimmen, welcher Art diese Eingaben sind. In der Summe kennzeichnen sie unser menschliches Charakterbild, unsere menschliche Gesinnung.

Alle unsere Lebensäußerungen – auch Gefühle, Empfindungen und Gedanken – sind Energieformen. Weil keine Energie verlorengeht, geben wir die Energie, die von uns ausgeht, zum einen in unseren derzeitigen Zellenstaat ein, zum anderen in unsere Seele – und über die Seele schaffen wir eine Matrize, eine Matrix, im materiellen Universum. Diese Matrize ist gleichsam der Bauplan für unseren nächsten irdischen Körper. Unser Bauplan enthält sämtliche Faktoren, die in unserem neuen Erdenleben wirksam werden.

Geht nach unserem Leibestod die Seele abermals zur Erde, also zur Wiederverkörperung, dann ist es kein Zufall, was sie mitbringt und wie es ihr im Laufe ihres Erdendaseins ergehen wird. Vielmehr bringt sie das mit, was sie in Vorinkarnationen, also ehemals als Mensch, an Energieformen selbst geschaffen hat. Wohl bringt sie unter anderem auch positive, lichte Energiepotentiale mit, doch diese tragen keine Erdenschwere in sich.

Vor allem jedoch sind es die gespeicherten negativen, also ichbezogenen Menschlichkeiten, die die Seele in eine weitere Inkarnation ziehen. Es sind die sündhaften Programme, die Schuld – kurz gesagt: die Sünde. Diese könnte und sollte die Seele nun als Mensch in diesem Erdendasein bereinigen.

Über unsere selbstgeschaffene energetische Matrize, auch Bauplan genannt, gehen wir also zur Einverleibung und werden das Kind jener Menschen, mit denen wir im Augenblick der Zeugung unseres Leibes und bei unserer Menschwerdung – durch die Charakteristika unserer schuldhaften, sündhaften Eingaben in unserer Seele – verbunden sind. Diese Menschen nennen wir unsere Eltern.

Unser „Bauplan", der unseren irdischen Lebenslauf bestimmt, ist, wie gesagt, kein Zufall, ebensowenig, wer uns gezeugt und geboren hat. Es ist kein Zufall, welchen Menschen wir begegnen, mit welchen Menschen wir in diesem Erdenleben zu tun haben.

Als Mensch können wir unseren Bauplan positiv oder negativ verändern, ihn verbessern oder verschlechtern. Beides liegt wiederum in unserer Hand. In jungen Jahren, dann, wenn wir das Gute vom Bösen unterscheiden können, beginnen wir bereits, gestaltend auf unsere mitgebrachte innere und äußere Lebenssituation einzuwirken.

Es ist durchaus nicht so, daß eine Seele, die in ein reiches Elternhaus hineingeboren wird, einen lichteren Bauplan hätte, und die Seele, die zu einfachen Eltern kommt, belasteter wäre. Im Grunde kommt es immer nur darauf an, was der Einzelne aus seinem Leben macht, wie er mit seinen Lebenssituationen umgeht: ob er sie nützt, um höhere ethisch-moralische Werte zu gewinnen, oder ob er sein geistig-sittliches Lebensniveau absinken läßt. Auch darf der, der im Laufe seines Erdenlebens Geld und Güter erwirbt – gleich, auf welche Art und Weise –, nicht glauben, daß er damit seine von ihm selbst vorgezeichnete Lebenslinie verbessert hätte. Es geht einzig um die Gesinnung des Menschen, aus der die Inhalte erwachsen, die er in seine Gefühle, Empfindungen und Gedanken legt, so auch in seine Worte, ja in sein ganzes Verhalten.

Selbst wenn der Mensch in seiner Jugend und im frühen Erwachsenenalter noch manches falsch gemacht, eventuell einiges weitere an Schuld aufgebaut hat – in späteren Jahren könnte der reifer gewordene Mensch jederzeit in seinem Werdegang als Mensch eine Korrektur vornehmen und sein Leben umgestalten. Eine solche Wende wird oftmals dadurch ausgelöst, daß sich der Einzelne z.B. plötzlich seiner Verantwortung bewußt wird. Häufig sind es auch einschneidende Veränderungen im Lebenslauf oder ein sogenannter Schicksalsschlag, die den Menschen zu Selbstbesinnung und Neuorientierung bewegen. So mancher wendet sich dann höheren Werten und Idealen zu, verändert – durch Bewußtwerdung und Arbeit an sich selbst – die

Inhalte seiner Gefühle, Empfindungen, seines Denkens, Sprechens und Verhaltens zum Positiven und gibt so mehr und mehr dem Leben in sich Raum, das Gott ist.

Damit den Menschen das gelingt, gab Gott ihnen – als geistige Orientierungshilfe, als Leitschnur für ein wahrhaft sinnerfülltes Leben – durch Mose die Zehn Gebote und Jesus die Lehren aus dem Gesetz des Lebens.

Besonders erwähnenswert im Hinblick auf eine Lebensgestaltung im Sinne der Gottes- und Nächstenliebe ist das schlichte, jedoch für alle Lebensbereiche anwendbare Wort des Jesus, des Christus, in Seiner Bergpredigt: „Was du willst, daß dir andere tun, das tue du ihnen zuerst." Sofern der Mensch es beachtet und zur Selbsterkenntnis und Umgestaltung seiner Lebensführung nutzt, kann es zu einer raschen und tiefgreifenden Verbesserung seiner Lebensqualität, seines „Bauplanes" für dieses Erdenleben, beitragen.

Wer solchermaßen an sich arbeitet, hat Christus, seinen Erlöser und Wegbegleiter, an seiner Seite. Gott läßt uns Menschen nicht allein. Er ist immer präsent. Wenden wir uns Ihm zu, beten wir von

Herzen und vertrauen uns Ihm an, so erleben wir Seine Hilfe.

Liebe Brüder, liebe Schwestern, lassen wir es nicht darauf ankommen, daß wir unter Umständen im Alter erleben und erfahren müssen, was wir uns in zurückliegenden Erdentagen selbst zugedacht und zugesprochen haben! Das zeigt sich dann darin, daß wir z.B. kränkeln, gebrechlich sind oder gar darniederliegen. Oder daß wir unsere Haß- und Neidgedanken kaum mehr zügeln können. Oder daß wir in den alten Sarkasmus fallen, den wir jahrzehntelang bedenkenlos gepflegt hatten. Oder daß wir gehässig auf andere herabblicken oder über sie verächtlich denken und reden. Oder daß wir unserer Rechthaberei gegenüber Jüngeren, die immer wieder durchbricht, nicht mehr Herr werden, und vieles mehr.

Wenn wir älter geworden sind, erleben wir – schon aufgrund des rücklaufenden Lebensfilms – hin und wieder unseren Bauplan. Er drückt buchstäblich durch unser Gemüt, durch unseren geschwächten Zellenstaat hindurch und deutet an, wer wir im Menschlichen noch sind und was wir an Fehlverhalten, Fehlhaltungen und negativen Denkweisen von der Jugend an eingegeben haben.

Machen wir uns bewußt: Jesus, der Christus, ist immer der Retter, in jedem Alter des Menschen, in jeder Situation, in allem, was uns der Tag zuspiegelt. Er ruft uns immer wieder zur Umkehr auf, zur positiven Umgestaltung und Neugestaltung unserer Lebensführung, so daß sich die fünf Sinne verfeinern und unser Charakterbild, gleich unser Bauplan, lichter und sonniger wird.

Was uns der Geist schon in den vorhergehenden Ur-Licht-Strahlungen der Liebe und des Lebens gegeben hat, das den Menschen lichter und sonniger macht, der diese absoluten Bejahungen im täglichen Leben anwendet, möchte ich hier noch einmal wiederholen.

Denken wir gemeinsam tief in unser Inneres, in unseren Körper hinein. Berühren wir mit unseren Lichtgedanken unsere Körperzellen, so daß wir allmählich die Gottgegenwart erleben!

Machen wir uns bewußt: Der Geist Gottes im Urgrund unserer Seele ist Licht. Sein heiliges Gesetz ist Licht.

Nun wiederhole ich die Lichtworte, die uns Jesus, der Christus, gab, um Gott, den Vater-Mutter-Gott, die Liebe und das Licht, in uns zu spüren:

Ich bin die Ordnung in Gottes All-Ordnung.

Ich bin die Ordnung in Gottes All-Ordnung, die mein Gemüt beleuchtet.

Ich bin die Ordnung in Gottes All-Ordnung, die die Inhalte meiner Gedanken ausleuchtet.

Ich bin die Ordnung in Gottes All-Ordnung, die die Inhalte meiner Worte offenbar werden läßt.

Ich bin das Leben in Gottes Tatwerk, in Seiner Schöpfung, für Mensch, Natur und Tiere.

Ich bin der Wille in Gottes Schöpfungswillen, der mein Gemüt erhellt und der Inhalt meiner Gedanken ist.

Nach der Aufzählung der schon gegebenen Ur-Licht-Hinweise geht es weiter. Zuvor könnten wir uns vergegenwärtigen: Gottes Wille ist eine bewegende Macht, die zur Tat führt. Sein Wille ist also der Schöpfungswille, aus dem die Schöpfungsformen hervorgehen. Wir können sagen: Gottes Wille ist das Es Werde.

Nun folgt der nächste Schritt, der den Willen Gottes in uns, in unserem Gemüt, in unseren Gedanken und in unseren Sinnen anspricht. Er lautet:

Ich bin der Wille in Seinem Schöpfungswillen des Es Werde. Es werde lichter und lichter in meinem Bewußtsein. Meine fünf Sinne erhellen sich.

Ich wiederhole:

Ich bin der Wille in Seinem Schöpfungswillen des Es Werde. Es werde lichter und lichter in meinem Bewußtsein. Meine fünf Sinne erhellen sich.

Lassen wir diesen Satz, gegeben für uns aus dem Absoluten Gesetz Gottes, in uns wirksam werden, indem wir ihn noch einmal langsam, bewußt und intensiv in uns hineindenken:

Ich bin der Wille in Seinem Schöpfungswillen des Es Werde. Es werde lichter und lichter in meinem Bewußtsein. Meine fünf Sinne erhellen sich.

Noch einmal:

Ich bin der Wille in Seinem Schöpfungswillen des Es Werde. Es werde lichter und lichter in meinem Bewußtsein. Meine fünf Sinne erhellen sich.

Wer mit dieser Bewußtseinshilfe Tag für Tag arbeitet, in dem regt sich das Es Werde. Immer dann, wenn schwierige Alltagssituationen oder problematische Vorgänge uns vereinnahmen wollen, spüren wir tief aus dem Seelengrund: Es werde! Und wir können sicher sein: Wer sich Gott in seinem Inneren anvertraut, der wird auch den Schritt erkennen, der in der jeweiligen Situation für ihn ansteht.

Liebe Brüder, liebe Schwestern in Christus, vergessen wir nicht den Seismographen, unseren wertvollen Mahner, der uns immer näher kommt, dann, wenn wir ihm die Chance geben, in und durch uns zu wirken. Öffnen wir ihm die Tür zu unserem Gewissen. Laden wir ihn ein, einzutreten, um zu wirken, dann erleben wir mehr und mehr unsere Eingaben, den Bauplan, in unserem Zellenstaat. Dann werden wir sensitiver und unsere Sinne lichter. Voraussetzung ist jedoch die Umsetzung dessen, was die Ur-Kraft uns zuspricht und der Seismograph uns ankündigt.

Von lichter werdenden Menschen gehen mehr und mehr lichte Gedanken aus, durch die der Christus-Gottes-Geist zu leuchten und zu wirken vermag.

Wir sind auf dieser Erde, um unseren Bauplan – die mitgebrachten negativ-menschlichen Programme – abzubauen, um den Schöpfungsgedanken anzunehmen, der in unserer Seele spricht: „Mein Kind, laß es zu – Ich diene und helfe dir. Mein Kind, komm heim nach deiner Erdenwanderung! Ich, dein himmlischer Vater, möchte dich wieder bei Mir haben. Du und Ich wollen uns wieder von Angesicht zu Angesicht schauen. Wisse, Mein Kind, Ich liebe dich und sehne Mich nach dir. Hilf mit, daß in immer mehr Menschen das Es Werde zum Durchbruch kommt und die Erde immer lichter wird: Laß dein Leben, das Ich Bin, Mein Licht, über die Erde leuchten, zum Zeichen Meiner Gegenwart."

Liebe Brüder, liebe Schwestern in Christus, diesen himmlischen Worten möchte ich nichts hinzufügen als: Es werde Licht in uns und auf dieser Erde!

In der göttlichen Liebe verbunden, *Gabriele*

Gottes heiliger Wille
leuchtet in meinen Sinnen,
Gedanken und Worten.
Meine Körperzellen
erneuern sich.
Meine Seele erhellt sich.

Wille 3

Wille 3

Liebe Brüder und liebe Schwestern in Christus! In unserer Zeit, in der alle guten Sitten und Werte wie Schnee in der Sonne zerrinnen, klingt es wie Hohn, wenn zu lesen ist: *„Der Friede der Himmel kommt auf die Erde, das Friedensreich, das schon von Anbeginn der Menschwerdung der Fallwesen vom Ewigen offenbart wurde.“*

Das Friedensreich kommt! Es ist die Wahrheit. Es kommt, weil Gott – der Ewige, das Leben, die Schönheit, die Reinheit, die Liebe und der Friede – das unumstößliche Wort ist. Sein Wort gilt auch der Erde und allen materiellen Formen und Substanzen, denn Gott ist gegenwärtiges Leben in jedem Atom, in allen Kräften der Materie.

Machen wir uns bewußt, daß Gott zu allen Zeiten durch gotterfüllte Menschen vom Friedensreich, dem Reich Gottes auf Erden, sprach. Die Aufzeichnungen – auch über das Friedensreich –, von denen die Menschheit weiß, sind an Jahren jung im Vergleich zu der Offenbarung des Ewigen an die ersten Menschen auf dem Planeten Erde, daß die geistige Substanz der Erde, die in Tieren, Pflanzen und Mineralien ist, dem Reich der Ewigkeit angehört, ebenso die geistigen Substanzen in allen verdichteten Gestirnen.

Was dem ewigen Reich Gottes angehört, wird auch in das ewige Reich Gottes zurückkehren. Aus dieser Tatsache ergibt sich die Ankündigung des Friedensreiches auf Erden, die erfolgte, seit – in irdischen Ur-Zeiten – Lichtboten der Himmel im Auftrag Gottes dies den werdenden Menschen immer wieder ins Bewußtsein riefen.

Ja, bereits zu Beginn des Fallgeschehens, als abtrünnige Geistwesen das Lichtreich der ewigen Himmel verließen, war klar, daß sich alle geistigen Substanzen, alle reinen Kräfte und reinen Wesen wieder in die himmlische Einheit eingliedern würden.

Gottes Wort ist die Wahrheit. Die ersten Menschen nahmen Gottes Wort, die Wahrheit, ebensowenig an wie zu allen Zeiten. Und in der heutigen Zeit, Endzeit genannt, wird die Ankündigung vom Kommen des Reiches Gottes, des Friedensreiches Jesu Christi, ebensowenig ernstgenommen.

Was bedeutet Endzeit? Es bedeutet: Ende mit der sündhaften Zeit; Ende mit allem, was von Sündern auf der Erde errichtet wurde, zum Schaden und zur Last der Mutter Erde mit ihren Tieren, Pflanzen und Mineralien; Ende mit der sündhaften menschlichen Kreatur, die die Erde malträtierte und malträtiert, ausbeutete und ausbeutet und die Schöpfung Gottes mit Füßen trat und tritt. Sinngemäß steht geschrieben: Es werde ein neuer Himmel und eine neue Erde, was besagt, daß der alte, der sündhafte Zustand aufgehoben wird.

Wie soll das geschehen?

Ein Bild kann es uns am besten vermitteln: Ein Same, der im Erdreich liegt, kann nur keimen und zum Pflänzchen, ja zu einem mächtigen Baum werden, wenn die Elementarkräfte Sonne, Wasser, Erde und Luft den Samen zum Keimen bringen. Wäre das nicht so, würden die Elementarkräfte dem Samen keine Nahrung schenken, so würde er vertrocknen, also verdorren.

Ähnlich ist es mit dem Friedensreich Jesu Christi, das auf die Erde kommt. Der Same ist das Feinstoffliche, die göttliche Ursubstanz der Erde; wir nennen sie auch die Erdseele oder sprechen von einem Teil aus dem Reich Gottes. Befruchtet wird dieser Teil in der materiellen Erde vom Geist Gottes, der auch in jenen Menschen aktiv ist, die das Reich

Gottes, das Friedensreich, nicht nur herbeibeten, sondern auf der Erde das tun, was Gott will. Menschen in Seinem Geiste werden dem werdenden Friedensreich Jesu Christi die göttliche Nahrung bringen: den Tieren den Frieden, der Pflanzen- und der Mineralwelt die Achtsamkeit und Aufmerksamkeit. Solche Menschen sind sich der Einheit des Lebens und des Friedens der All-Schöpfung bewußt.

Menschen, die das Gesetz der Liebe mehr und mehr erfüllen, so daß die göttliche Einheit offenbar wird unter Mensch, Tier, Pflanze und Stein – also die Einheit mit der Mutter Erde –, werden das Erdreich besitzen. Aus dem Wirken einzelner Menschen für das Friedensreich Jesu Christi entwickelt sich eine Matrize, eine Matrix, die in der Christus-Gottes-Atmosphäre, die sich über und um die Erde spannt, ein wesentlicher Bestandteil ist.

Immer mehr Menschen in aller Welt, die dem Christus Gottes verbunden sind, empfangen unter anderem geistig weiter- und höherführende Impulse aus dieser Strahlung der Christus-Gottes-Atmosphäre. Die einen finden dadurch ihren Weg näher zu Gott in ihrem Inneren; andere, die schon eine geistige Wegstrecke gegangen sind, erleben und erfahren in ihrem Herzen, daß der Aufbau des Reiches Gottes auf Erden, der Aufbau des Friedensreiches Jesu Christi, begonnen hat. Wieder andere spüren, daß der Christus Gottes auf die Erde zukommt, denn der Geist der Wahrheit hat Seine Füße vom Schemel der Erde genommen und auf die Erde gestellt, was besagt, daß Christus Sein Kommen ankündigt.

Das werdende Friedensreich ist dem Samenkorn gleich. Durch Menschen hat Christus begonnen, ein kleines Reich des Friedens zu errichten, das an Größe und Licht zunimmt. Gleichzeitig entwickelt sich die atmosphärische Matrize des werdenden Friedensreiches, die die Gott zustrebenden Menschen auf das Kommen des Christus Gottes aufmerksam macht. Wie im Geiste alles im Kleinen beginnt – siehe Samenkorn –, so entsteht auch auf der Erde sukzessiv wachsend das, was Himmel und Erde verbindet: das Friedensreich Jesu Christi.

Die Gerechtigkeit Gottes ist Seine Liebe und Weisheit – die Rettung für all jene, die sich von Christus führen lassen. Deshalb bietet der große, mächtige Geist uns Menschen noch einmal den Weg ins Vaterhaus an, den Weg nach Innen. Weil die Zeit eilt und die Stunden fliegen, schenkt uns

Gott, unser Vater, den kürzesten Weg – eine Wegstrecke, für die es sich lohnt, sich anzustrengen, um in Kürze in das Reich Gottes, in das Reich des Friedens, zu finden, das im Urgrund unserer Seele ist.

Gehen wir mit äußerster Disziplin und Anstrengung diesen unmittelbaren, den kürzesten Weg, dann kann uns Christus, unser Erlöser und Führer, leiten. Dann erleben wir in uns und auf der Erde, was sich geistig vollzieht, aber auch, was sich in dieser Welt anbahnt. Dann verstehen wir, was es heißt: „Ich mache alles neu, einen neuen Himmel und eine neue Erde."

Gott ist Liebe. Seine Liebe ist für uns Menschen unfaßbar. Er liebt alle Seine Kinder, ob sie für Ihn sind oder gegen Ihn. Christus, der Gute Hirte, geht jedem Schäfchen nach, um es zu retten. Unermüdlich ringt Er um jede Seele und um jeden Menschen. Das verstehen wir mit dem Herzen, wenn wir innig das Vaterunser beten und die Botschaften lesen, die Gott, der Ewige, durch die Propheten des Alten Bundes gab und die der Christus Gottes heute, gerade in den letzten dreißig Jahren, wieder gibt.

In diesen Seinen derzeitigen Botschaften spricht Christus sehr oft vom Friedensreich Jesu Christi. Die allumfassende Wahrheit geht in die ganze Welt, in viele Länder dieser Erde. Damit die vielen Menschen im In- und Ausland erfahren, was sich auf dem kleinen Bereich der Erde tut, noch einem Samenkorn gleich, hat der Christus Gottes Urchristen gebeten, einen göttlichen Sender einzurichten, dessen Name lautet:

Sender Neu Jerusalem
für das Friedensreich Jesu Christi.

Wir sehen und spüren die unendliche Liebe des ewigen Vaters und Seines Sohnes, unseres Erlösers. Beim Ur-Licht, bei der Ansprechung des Absoluten Gesetzes, hören wir immer wieder: Rette sich, wer sich retten lassen möchte, bevor diese Welt vergeht.

Nach und nach versteht jeder, der den Geist des Christus Gottes nicht in den Kirchen aus Stein sucht, sondern Ihn in seinem Herzen, im Urgrund seiner Seele, zu finden trachtet, daß die Zeit reif ist, daß der Same keimt – für das Friedensreich Jesu Christi.

Liebe Brüder, liebe Schwestern in Christus, „Rette sich, wer sich retten lassen möchte, bevor diese Welt vergeht“ heißt für viele Menschen, den unmittelbaren, den kürzesten Weg mit Disziplin und Anstrengung zu gehen. Gehen wir ihn an der Hand des Christus Gottes, und hören wir noch einmal die schon gegebenen Ur-Licht-Ansprechungen, also die Hinweise, die den Weg zu Gott in uns verkürzen, um Gott im Urgrund unserer Seele bald näherzukommen! Anschließend erfolgt der weitere Lichtschritt auf dem kürzesten Weg hin zu Gott, bevor diese Welt vergeht.

Denken wir gemeinsam die wunderbare Ur-Licht-Strahlung der Liebe und des Lebens in unseren Körper und tief in unsere Seele hinein. Unsere Seelenpartikel und unsere Körperzellen empfangen nun die Ur-Licht-Strahlung.

Ich bin die Ordnung in Gottes All-Ordnung.

Ich bin die Ordnung in Gottes All-Ordnung,
die mein Gemüt beleuchtet.

Ich bin die Ordnung in Gottes All-Ordnung,
die die Inhalte meiner Gedanken ausleuchtet.

Ich bin die Ordnung
in Gottes All-Ordnung, die die Inhalte
meiner Worte offenbar werden läßt.

Ich bin das Leben in Gottes Tatwerk,
in Seiner Schöpfung, für Mensch, Natur
und Tiere.

Ich bin der Wille in Gottes Schöpfungswillen,
der mein Gemüt erhellt und der Inhalt meiner
Gedanken ist.

Ich bin der Wille in Seinem Schöpfungswillen
des Es Werde. Es werde lichter und lichter
in meinem Bewußtsein.
Meine fünf Sinne erhellen sich.

Nun der nächste Schritt, in dem sich das Es Werde, der Wille Gottes, erfüllt. Er lautet:

Gottes heiliger Wille leuchtet
in meinen Sinnen, Gedanken und Worten.
Meine Körperzellen erneuern sich.
Meine Seele erhellt sich.

Ich wiederhole:

***Gottes heiliger Wille leuchtet
in meinen Sinnen, Gedanken und Worten.
Meine Körperzellen erneuern sich.
Meine Seele erhellt sich.***

Noch einmal möchte ich diesen wunderbaren, allweisen Satz wiederholen:

***Gottes heiliger Wille leuchtet
in meinen Sinnen, Gedanken und Worten.
Meine Körperzellen erneuern sich.
Meine Seele erhellt sich.***

Diese absolute universelle, kosmische Willensstrahlung aus dem Ur-Licht kann unser ganzes Menschenwesen verändern, dann, wenn wir unsere Erdentage im Lichte dieses kurzen Weges zu Gott, unserem Vater, in Christus, unserem Erlöser, sehen, vor allem dann, wenn wir die eben gegebene absolute kosmische Willensstrahlung – *Gottes heiliger Wille leuchtet in meinen Sinnen, Gedanken und Worten. Meine Körperzellen erneuern sich. Meine Seele erhellt sich* – anwenden.

Dies geschieht dadurch, daß wir sie öfter am Tag in unseren Körper und in unsere Seele hineindenken. Gleichzeitig achten wir auf den uns schon bekannten Seismographen, der uns aufzeigt, in welchen der fünf Sinne sich noch unsere Schwächen tummeln, der aber auch unser Unterbewußtsein anspricht, in dem Gedankenvagabunden und Wortspiele zur Selbstaufwertung ihr Unwesen treiben.

Schätzen wir die Hilfe durch unseren Seismographen, und sind wir lernwillig, dann werden wir manchen Tümpel allzumenschlichen Grübelns und so manche noch bestehende Vorwurfshaltung mit Bravour angehen. Auch die üblichen Tagesfloskeln – wie z.B. „Ach du meine Güte!“ oder „Ach Gott, ach Gott!“ oder „Um Gottes willen!“ oder „Um Himmels willen!“ oder „O mein Gott!“ – wird der Seismograph ansprechen, denn er ist bestrebt, daß wir gegenüber unserem Verhalten wachsam werden und die Lebensenergie nicht verschleudern, also vergeuden.

Wer diesen Weg ins Ur-Licht, das tief in unserer Seele leuchtet, konsequent geht, der wird sehr bald merken, ja er wird an seinem Körper spüren, daß sich die Zellverbände, die Bausteine des Körpers, reinigen, weil seine Seele lichter wird. Wir erleben, daß wir leichter und beschwingter werden, daß unser Gemüt sonniger wird, daß unsere Körperbewegungen harmonischer und – für den älteren Menschen gesprochen – jugendlicher werden. Auch unser Gesichtsausdruck verändert sich; unsere Gesichtszüge werden ebenmäßiger – wir sind freier und dynamischer geworden. Warum? Weil Gottes All-Strahlung, das wunderbare Ur-Licht, das Gott, unser Vater, in Christus, unserem Erlöser, ist, in unserer Seele und in den Körperzellen zunehmend heller leuchtet, wodurch wir aktiver und bewußter leben.

Wir nehmen unsere Umgebung besser und tiefer wahr; wir fühlen uns eingebettet in das kommunikative Leben der Einheit, die die Naturreiche uns zeigen, gleich offenbaren.

Liebe Brüder, liebe Schwestern in Christus, kann ich euch, uns allen, noch mehr wünschen als den dynamischen, ewigen inneren Jungbrunnen, der der Geist Gottes, das Ur-Licht, in uns ist? Er ist die Gesundheit, die innere Freude, die Gottes- und Nächstenliebe und viel, viel kosmisches Leben.

In der ewigen Liebe, die Gott ist, verbunden
Gabriele

Mein Wesen ist Licht
aus Seinem Licht. Meine Sinne
und der Inhalt meiner Gefühle,
Empfindungen, Gedanken, Worte
und Werke sich durchlichtet.
Ich bin frei und kosmisch lebendig.

Mir ist bewußt: Ich bin für Gott,
und Gott, die All-Einheit,
ist für mich. So bin ich die
All-Einheit in Gottes Wesenskraft.

Weisheit 1

Weisheit 1

Liebe Brüder, liebe Schwestern in Christus!

Gott, der Ewige, ruft. Seit dem Fall der göttlichen Wesen aus dem Paradies, dem ewigen Reich Gottes, ruft Gott, der Ewige, die Seelen, die die jenseitigen Welten bewohnen, und die Menschen, die Bewohner der Erde, zu Einsicht und Umkehr auf. Gott, der Ewige, lehrte allezeit durch gotterfüllte Wesen und Menschen den Weg zurück ins Vaterhaus, von wo alle Wesen kamen.

Einst umhüllten sich einige der Fallwesen, die feinstofflich waren, mit dem grobstofflichen Körper, der „Mensch" genannt wird. Immer mehr Seelen verleibten sich in Menschenkörper ein. Sie waren bestrebt, immer mehr g e g e n Gottes Gesetz zu denken und zu handeln, das die Gottes- und Nächstenliebe ist, um sich durch fortschreitende Verdichtung immer weiter von Gott und allem Göttlichen zu entfernen. Sie widersetzten sich daher bewußt dem Ruf Gottes, ihres, unseres Vaters. Sie wollten ihr eigenes Reich.

Auch als sich der Fallgedanke, selbst Gott sein zu wollen, mehr und mehr verdichtete, hat Gott nicht geschwiegen. Wieder und wieder sandte Er Seine Boten, um die Seelen und Menschen aufzuklären, ihnen das Gesetz der Liebe nahezubringen und ihnen den Weg aufzuzeigen, der zurück in ihre ewige Heimat führt, von wo sie ausgegangen waren.

Die Fallwesen wähnten, Gott besiegen zu können, indem sie systematisch den Gegensatz zu Seinem heiligen Gesetz aufbauten: die Sünde.

Doch Gott ist unbesiegbar. Er ist!

Gott ist – von Ewigkeit und in Ewigkeit.

Geht der Mensch auch eigenwillige Wege – Gott und Sein absolutes, unwandelbares Gesetz beeinträchtigt er dadurch dennoch nicht, denn: Gott ist – ewig das Gesetz der Liebe, unwandelbar.

Seit Beginn des Falls also wird der Ruf Gottes in die Fallwelten getragen, der lautet: Kehrt um! Tretet euer göttliches Erbe an! Geht den Weg der Gottes- und Nächstenliebe, und kehrt zurück ins Vaterhaus!

Viele gefallene Wesen wollten nicht hören. Ein Großteil der Menschheit erwies sich als unbelehrbar und starrsinnig. Als die fürsorgliche Hand Gottes immer wieder ausgeschlagen wurde, sank das Schwingungsniveau der Menschheit so tief ab, daß die Seelen im Begriff waren, zu degenerieren. Da ging Christus, der Mitregent der Himmel, zur Einverleibung. Als der Menschensohn Jesus lebte, lehrte und wirkte Er auf Erden. Er brachte die Stütze der Seelen, die Erlöserfunken, die, als Ganzes gesehen, ein Teil Seines göttlichen Erbes sind.

Die Liebetat des Gottessohnes am Kreuz bewirkte den Stop im Fallgeschehen, denn die Erlöserkraft verhindert die Auflösung der Seelenkörper. – Jede belastete Seele, auch die des finstersten Dämons, trägt durch das kosmische Geschenk des Christus Gottes nun das mächtige Erlöserlicht, die Erlöserkraft, in sich. Eine jede Seele wird also – und wenn oftmals auch erst nach äonenlangem Leiden – schließlich anerkennen müssen:

Gott, Sein heiliges Gesetz, ist.

Obwohl auch in den mehr als 2000 Jahren seit Jesus von Nazareth immer wieder Gottes Mahner und Künder auftraten, um in den Menschen die Sehnsucht nach der ewigen Heimat zu erwecken und sie zu bewegen, ihr Leben an der wahren Lehre Jesu zu orientieren, sieht es heute auf der Erde ärger aus als je zuvor.

Die scheinchristlichen Kirchen sorgten mit ihren üblen, gegensätzlichen Machenschaften dafür, daß die jetzigen Menschen weder um die Wirkungsweise des Gesetzes von Saat und Ernte wissen, noch um den erlösenden und befreienden Lichtfunken, den Erlöserfunken des Gottessohnes Christus, der jedem von uns auf dem Weg ins Vaterhaus leuchten möchte.

Deshalb neigte sich an der Schwelle zur Neuen Zeit, bevor die Welt vergeht, der Himmel noch einmal mit Macht zur Erde, um durch das Prophetische Wort die göttliche Wahrheit und Heimführung anzubieten. Der Christus-Gottes-Geist gießt jetzt, in dieser Zeit, die die Endzeit für alles Niedrigschwingende genannt wird, das Füllhorn der Wahrheit und des Lebens aus. Christus macht wahr, was Er als Jesus von Nazareth angekündigt hat: den Tröster, den heiligen Geist, zu senden, der die Menschen in alle Wahrheit führen wird. – Dies geschah und geschieht seit über 30 Jahren.

Uns Menschen ist das Wort Gottes in Ton und Schrift gegeben, ein noch nie dagewesener Reichtum an göttlichen Hinweisen, wie der Einzelne – je nach seinem Bewußtseinsstand – seinen Weg beginnen kann, um ins Vaterhaus zurückzukehren.

Der Christus Gottes lehrte und lehrt wieder den Weg heimwärts in das Lichtreich der Himmel. Er, der mächtige erlösende Geist, gab und gibt aus der göttlichen Fülle – so weit, wie es mit den Worten der Menschen auszudrücken ist und wie wir Menschen es verstehen können, dann, wenn wir guten Willens sind. Immer wieder wird in dieser Zeit der Innere Weg gelehrt, immer wieder erneut dargelegt und ausgelegt, so daß ihn jeder gehen kann, wenn er möchte, einerlei, auf welchem Bewußtseinsstand er sich derzeit befindet.

In den zurückliegenden Jahren klärte der Gottesgeist in Seinem Wort die Menschen auch über das Gesetz von Saat und Ernte auf.

Er ermahnte sie zugleich, mit ihren geschaffenen Ursachen sorgsam umzugehen, diese also nicht zu verstärken, sondern sie Schritt für Schritt zu beheben, so daß die Christus-Gottes-Kraft sie aufzulösen vermag. Denn erst dann wird das erlösende Licht der Seele zur Flamme und leuchtet die Zellverbände, alle Bausteine des Körpers, aus, so daß es dem Menschen gut geht, er glücklich ist, gesund bleibt oder gesund wird.

Das für uns Menschen unfaßbar große Geschenk des Christus Gottes, der Erlöserfunke in jeder Seele, ist die befreiende, helfende und auch die heilende Kraft. Somit ist der Christus Gottes sowohl der Innere Arzt und Helfer als auch der Innere Arzt und Heiler.

Christus möchte jedem Menschen und jeder Seele beistehen. Seine Erlösertat, Sein erlösendes Werk, ist die Heimführung in Gottes- und Nächstenliebe.

Damit wir verstehen, unter welchen Voraussetzungen Christus, Sein Erlöserlicht, in uns zu wirken vermag, möchte ich meinen Brüdern und Schwestern ein Bild vermitteln, das unserem Diesseits entspricht:

Fühlen wir Menschen uns krank, werden wir von Schmerzen geplagt oder haben wir körperliche Gebrechen oder wurden uns durch äußere Einwirkung körperliche Leiden zugefügt und anderes mehr, dann gehen wir zu einem Arzt. Wir schildern ihm unsere Schmerzen oder erklären ihm, was uns körperlich widerfahren ist oder was wir – z.B. durch einen Unfall – erleiden mußten. Der Arzt versucht uns zu helfen, indem er uns eine Therapie vorschlägt oder uns entsprechende Medikamente verordnet. Nehmen wir die Vorschläge des Arztes an, handeln aber nicht danach, führen also die vorgegebene Therapie nicht durch und nehmen die verordneten Medikamente nicht ein, dann wird der Arzt sagen: „Wie kann ich Ihnen helfen, wenn Sie nicht tun, was ich Ihnen vorgeschlagen habe?"

Ähnlich ist es mit dem Inneren Arzt und Helfer. Christus, der Innere Arzt und Helfer, rät uns, die Tagesenergie zu nützen, die Hinweise zu beachten, die der Tag jedem Menschen bezüglich dessen bringt, was an Schuld, an Gegensätzlichem, von ihm heute zu bereinigen anstünde. Denn die Planetenkonstellationen strahlen jeden Tag die Energien menschlicher Übeltaten zur Erde, die in ihnen gespeichert sind. Daraus erhält der Einzelne – in seinen Gefühlen und Gedanken oder durch unliebsame Begebenheiten und Geschehnisse – Impulse, was er noch, mit der Hilfe des Christuslichtes in ihm, zu tilgen und unter Umständen wiedergutzumachen hat.

Die geistige Therapie lautet: Erkenne dich selbst. Erkenne dich in den Situationen und Ereignissen des Tages, in allem, was dir widerfährt, und wisse, daß es keine Zufälle gibt.

Was du selbst in die Gestirne eingegeben hast, kommt nicht auf einen anderen zu, sondern einzig auf dich, den Programmierer der Eingaben, selbst.

Jeder Tag gibt also jedem Menschen Hinweise, wie er sein Erdendasein zum Guten verändern kann, sofern er gewillt ist, sich selbst zu erkennen und zu ändern.

Immer wieder hören wir vom Gesetz der Entsprechung, das besagt: Was mich aufregt, was mich wütend macht oder was ich über andere negativ denke, das entspricht mir; das sind Aspekte meiner persönlichen Eingaben, die als Negativ-Energie-Formationen gespeichert sind und irgendwann auf mich zukommen, entweder in Form von Leid, Krankheit, Not oder anderen Schicksalen.

Der Geist des Christus Gottes mahnte und mahnt uns, uns selbst zu erkennen und Ihn, den Christus Gottes, anzurufen, Ihn um Kraft, um Beistand und um Hilfe zu bitten.

Er steht uns zur Seite, wenn wir das, was wir anderen zugefügt haben, ernsthaft bereuen, wenn wir den oder die Geschädigten um Vergebung bitten und unsererseits vergeben. Und so wir die gleichen negativen Verhaltensweisen nicht mehr tun, wandelt das erlösende Licht der Seele die Sünde, also die Schatten in unserer Seele, in Licht und Kraft um. Dann erst strahlt, wie schon angedeutet, das Licht des Christus Gottes, das helfende und heilende Licht, vermehrt in die Zellverbände, in die Bausteine unseres Körpers, ein.

Auf diesem Weg des Lichts empfangen wir Hilfe und Heilung. Der Christus Gottes, der Innere Arzt und Heiler, gedenkt zuerst des Wohles der Seele, weil diese auch als erstes die Befreiung, das Gotteslicht, erlangt, das daraufhin in den Körper einstrahlt.

Bleiben wir sodann in dem Lichtbewußtsein des Inneren Arztes und Heilers, so kann Er auch in unserem Körper vieles zum Positiven lenken. Bitten wir Christus in uns jedoch nur um Beistand, Hilfe und Heilung, und tun wir nicht, was Er uns rät – uns nach den Geboten Gottes und nach Seiner Lehre zu richten –, dann ist es ähnlich wie beim Menschenarzt, wenn der Patient die Therapie und das Medikament bejaht, aber nicht anwendet.

Mit anderen Worten: Wer nur bittet, seine Tage jedoch nicht nützt, wer also die geistigen Hinweise wohl annimmt, aber nicht danach handelt, der wird auch kaum göttliche Hilfe und Heilung erfahren. Dann bleibt der Mensch in seinem Schattendasein. Warum? Er bejaht zwar das Licht, läßt es jedoch nicht in sich einströmen.

Vergegenwärtigen wir uns noch einmal: Seit dem Fallgeschehen ruft der Geist Gottes Seinen Kinder zu: Kehrt um! – Ähnlich hielt es 2000 Jahre lang der Christus Gottes.

Jetzt wird Sein Ruf unmittelbarer, das heißt deutlicher und eindringlicher. Jetzt ruft Er: Rette sich, wer sich retten lassen möchte, bevor diese Welt vergeht.

Ein Großteil der Menschheit hat bis heute nicht begriffen, daß sich nun der Schöpfergott in Christus aufgemacht hat, über die Erde zu gehen. Er kam vor 30 Jahren in Seinem Wort, um der Menschheit den Weg in die Freiheit zu eröffnen. Nun kommt Er, um die Erde von der Sünde der Menschen zu befreien. Diese lasteten die Menschen der Mutter Erde auf, indem sie die Mutter Erde malträtierten und malträtieren, die Tiere quälten und quälen, ermordeten und ermorden. Dabei brachten sie sich selbst in einen Zustand, daß der Mantel, mit dem sich die Seelen umkleideten, der menschliche Körper, immer poröser wird. Die nicht bereinigten Ursachen – all das, was der Mensch trotz der Ermahnungen und Warnungen aus dem Geiste Gottes in den Wind schlug – kommen nun auf den Übeltäter zu.

Die Erde und alle irdischen Schöpfungsformen wurden durch den Menschen derart gefoltert, verstümmelt und zu Tode gebracht, daß die Zeit gekommen ist, in der der Schöpfergott in Christus die Erde anhebt, sie also zu sich nimmt.

Das ist der Beginn des werdenden Friedensreiches auf der Erde. Die Worte des Vaterunsers bewahrheiten sich – wie sich alles bewahrheitet, was von Gott, dem Licht, angesagt ist: Sein Reich kommt, und Sein Wille geschieht.

Er sprach auch: Es werde ein neuer Himmel und eine neue Erde. – Das erste Zeichen ist gesetzt. Der Christus Gottes bereitet Sein Kommen vor.

Dies ist für die Erde und die Menschen ein überaus großes, einschneidendes Ereignis von hoher kosmischer Bedeutung. In immer rascheren Folgen brechen die Wirkungen über die Verursacher herein, die Ernte dessen, was sie – seit Beginn des Falls und, besonders kraß, in den letzten 2000 Jahren – gesät haben.

Obwohl die Wissenschaftler der Welt sich des großen Geschehens auf dieser Erde nicht bewußt sind, kündigen sie – aus ihrem Erkenntnis-Spektrum – unvorstellbare Katastrophen an. Diese wiederum bringen auch die entsprechenden Wirkungen wie Krankheit, Not und Tod der Menschen mit sich.

Gott ist die Liebe, die gibt, die schenkt, die hilft und die rettet – sofern der Mensch Seine Hand ergreift. Daher reicht der ewige Geist – diesmal Gott-Vater und Sein Sohn, Christus –, die mächtige All-Kraft, die Ur-Kraft, nochmals uns Menschen die Hand. Eventuell das letzte Mal? Wir wissen es nicht! Wir sollten darüber nicht spekulieren, sondern die Chance nützen und den mahnenden Ruf ernst nehmen: Rette sich, wer sich retten lassen möchte, bevor diese Welt vergeht!

Das Ur-Licht strahlte bereits die ersten Schritte des raschesten, des unmittelbaren Weges zum Reich Gottes aus, das im Urgrund jeder Seele als Licht, Kraft und ewige Heimat pulsiert. Damit wir Menschen in Bälde ankommen, bevor diese Welt vergeht, bevor also die Erde die Quälgeister, die Störenfriede und allen Unrat abschüttelt, wollen wir uns immer wieder die Schritte hin zum Reich Gottes in unserer Seele vergegenwärtigen.

Die großartigen Hinweise und Hinführungen zum Ur-Licht, zum Licht des Absoluten Gesetzes, in uns möchte ich hier nicht jedes Mal wiederholen. Es sind Kostbarkeiten, die in ihrer Einmaligkeit, Vielfalt und in ihrer Bedeutung für jeden Einzelnen überdacht werden sollten, um sie dann, je nach Erkenntnisgrad, gewissenhaft anzuwenden.

Wenden wir uns nun dem zuletzt gegebenen Schritt zu. Er lautet:

Gottes heiliger Wille
leuchtet in meinen Sinnen, Gedanken
und Worten.
Meine Körperzellen erneuern sich.
Meine Seele erhellt sich.

Heute reicht der göttliche Wille der göttlichen Weisheit die Hand und offenbart den nächstfolgenden Schritt.

Denken wir die Worte tief in unseren Körper und in unsere Seele hinein:

Mein Wesen ist Licht aus Seinem Licht.
Meine Sinne und der Inhalt meiner Gefühle,
Empfindungen, Gedanken, Worte und Werke
sind durchlichtet.
Ich bin frei und kosmisch lebendig. –
Mir ist bewußt: Ich bin für Gott, und
Gott, die All-Einheit, ist für mich. So bin ich
die All-Einheit in Gottes Wesenskraft.

Ich wiederhole das, was unser göttliches Erbe prägt:

Mein Wesen ist Licht aus Seinem Licht.
Meine Sinne und der Inhalt meiner Gefühle,
Empfindungen, Gedanken, Worte und Werke
sind durchlichtet.
Ich bin frei und kosmisch lebendig. –
Mir ist bewußt: Ich bin für Gott, und
Gott, die All-Einheit, ist für mich. So bin ich
die All-Einheit in Gottes Wesenskraft.

Liebe Brüder, liebe Schwestern, bitte vergeßt nicht, daß sich solche wunderbaren kosmischen, universellen Schritte jeweils aus den vorher gegebenen Lebensanweisungen aufbauen. Schenken wir dem Beachtung, was uns die Ur-Licht-Strahlung, Gottes Liebe und Weisheit, vermittelte und vermittelt, und tun wir Seinen all-weisen Schöpfungswillen, dann fühlen wir, was dieser Weisheitsschritt bedeutet, den ich noch einmal wiederholen möchte.

Wir denken ihn abermals in unseren Körper und in unsere Seele hinein, um daraus die Resonanz für uns zu vernehmen:

***Mein Wesen ist Licht aus Seinem Licht.
Meine Sinne und der Inhalt meiner Gefühle,
Empfindungen, Gedanken, Worte und Werke
sind durchlichtet.
Ich bin frei und kosmisch lebendig. –
Mir ist bewußt: Ich bin für Gott, und
Gott, die All-Einheit, ist für mich. So bin ich
die All-Einheit in Gottes Wesenskraft.***

Auch dieses Mal möchte ich auf den Seismographen hinweisen, der immer aktiver und unmittelbarer wirkt, sofern wir die Schritte hin zum Ur-Licht in unserer Seele tun. Der Seismograph, unser Gewissen, kann uns zu einem guten Freund werden – dann, wenn wir ihm in unser noch bestehendes Schattenreich, in alle noch nicht durchlichteten Seelenpartikel und in unser Unterbewußtsein, Zugang gewähren.

Mit dem Seismographen als dem guten Freund, der nicht wertet, nur aufzeigt, ohne uns zu bedrängen, kann das Erdenleben, können unsere Tage, die aus unserem Erdengang bestehen, außerordentlich interessant sein. Es setzen sich, wenn wir wollen, in unserem Bewußtsein Prozesse in Gang, die uns binnen kurzem neue Menschen werden lassen.

Das Licht unserer Seele, das mehr und mehr in den Körper strahlt, bewegt uns unter anderem auch, uns im Spiegel genauer zu betrachten. Was stellen wir fest? Das Spiegelbild zeigt uns bestimmt eine positive Veränderung auf, die auf die Ur-Licht-Strahlung, auf die Schritte zurückzuführen ist, die wir zum Reich Gottes tun, das inwendig in unserer Seele leuchtet.

Liebe Brüder, liebe Schwestern in Christus, der Weg zum Ur-Licht ist ein einmaliger Weg, der uns gegeben ist, damit wir unter anderem auch die Zeit erkennen, in der sich diese Welt befindet.

Die Gottesliebe verbindet. Sie eint alle Wesen, Seelen und Menschen. Sie ist das kosmische Leben in der Mutter Erde, auf ihr und über ihr. Sie verbindet die Gottzustrebenden mit allen Tieren, Pflanzen und Steinen und mit allen Gestirnen des Kosmos, denn der Geist Gottes ist allgegenwärtig.

In der Gottes- und Nächstenliebe geeint,
Gabriele

*In Gottes Allgesetz,
in Seinem Schöpfungswerk
der Liebe und Weisheit, bin ich
allumfassend wirkend.*

Weisheit 2

Weisheit 2

Liebe Brüder, liebe Schwestern in Christus, unserem Erlöser!

Viele Menschen, die das Ur-Licht hören, sind Urchristen. Urchristen befinden sich im urchristlichen Strom, der über Jahrhunderte nie versiegte. Der urchristliche Strom ist der Prophetische Geist, das strömende Leben der Einheit, der Liebe und Nächstenliebe. Der Prophetische urchristliche Strom geht von der Ur-Kraft, von Gott, unserem himmlischen Vater, aus. Er ist in der Seele jedes Menschen das unvergängliche Leben. Weil Gott der Vater aller Menschen und Wesen ist, sind auch wir Menschen untereinander Brüder und Schwestern.

Wir alle haben also einen Vater, den himmlischen Vater, der unser Innerstes, das reine Wesen, in Seinem ur-ewigen Licht geschaut und uns gemäß Seinem Gesetz der Liebe geschaffen hat. Sein ewig heiliges Gesetz ist der Ursprung, in dem die werdende geistig-göttliche Form, das Geistwesen, herangereift ist. Die geistigen Evolutionsstufen, Schritte hin zum werdenden Geistwesen, nenne ich die „geistige Wiege".

Unser Innerstes, der göttliche Leib in unserer Seele, ist komprimiertes Gesetz der Liebe und ist somit Erbe der Unendlichkeit.

Jedes göttliche Wesen besteht aus der geistigen Partikelstruktur, in welcher alle Grundkräfte des Seins aktiv sind – das ganze universelle Gesetz von der göttlichen Ordnung bis zur Barmherzigkeit; es sind die Wesenheiten und Eigenschaften Gottes. Unser Geistkörper ist also Geist aus Seinem Geiste, Licht aus Seinem Licht, Liebe aus Seiner Liebe – das Ebenbild unseres himmlischen Vaters.

Gehen wir noch einmal auf die geistig-göttliche Wiege ein, in welcher der werdende göttliche Leib die Formgebung und Formgestaltung empfängt. In der göttlichen Wiege – auf dem Evolutionsweg durch die göttlichen Entwicklungsbereiche – entwickelt sich allmählich eine Naturform, der die Grundlagen für den vollkommenen geistigen Körper innewohnen. Ist die Naturform soweit ausgereift, dann wird sie, entsprechend ihrer geistigen Ausstrahlung und Mentalität, von einem göttlichen Dualpaar gleicher Strahlungsintensität angezogen.

Die herangereifte Wesensform, gleich Naturform, bettet sich in die vom Dualpaar geschaffene geistige, göttliche Strahlungshülle, auch Kokon genannt, ein. In dieser energetischen Strahlungshülle, dem geistigen Kokon, entfaltet sich dann die Wesensform zu einem Geistwesen.

Die außerhalb des reinen Seins – also im Fallbereich – lebende, verschattete Form des Geistwesens wird „Seele" genannt. Geht sie zur Inkarnation, so tritt sie bei der Einverleibung in einen grobstofflichen, gleich physischen Körper ein.

Unser Geistkörper ist aus geistigen Partikeln aufgebaut. Der physische Leib des Menschen hingegen besteht aus Zellen. Durch die menschliche Zeugung entsteht in der Frau, also im Mutterleib, ein Zellgebilde, das zu einem Fötus heranreift. Es ist eine Zellhülle, in die sich eine Seele einverleiben wird.

Kommt das Menschenkind, der Säugling, zur Welt, dann ist die ihm innewohnende Seele immer mit gleichen oder ähnlichen Anlagen der Eltern verknüpft. Denn schon zum Zeitpunkt der Zeugung heißt es: Gleiches zieht zu Gleichem.

Die ankommende Seele verbindet sich also mit diesen Aspekten in den Seelen der Eltern. Der gleichschwingende Magnetismus beider Elternteile zieht die zur Einverleibung bereite Seele an, die sich nach und nach mit einem Zellenkörper verbindet und zum Kind der werdenden Eltern wird. Entweder haben Eltern und Kind einiges an Schuld aus Vorleben miteinander zu bereinigen, oder sie sind durch eine geistige Weisung für das Reich Gottes verbunden.

Das Neugeborene wird von den Eltern in ein Bettchen gelegt, das ich wiederum als „Wiege" bezeichnen möchte. Als erstes prägt die aktive Strahlung der Seele des Neugeborenen den Körper des Kindes.

Im weiteren Werdegang des Säuglings, dann, wenn die Seele mehr und mehr ihren physischen Leib in Besitz nimmt, wirken die aktiven energetischen Eingaben, das Mitgebrachte, auf die vorbereitete Zellstruktur ein.

Wer um die Reinkarnation weiß, dem ist bekannt, daß keine Energie verlorengeht, weder die positive noch die negative. Jeder Mensch errichtet durch die Inhalte seines Tuns und Lassens für die nächste Einverleibung seiner Seele eine sogenannte Matrix, die aus entsprechenden energetischen Eingaben besteht und sich im materiellen Kosmos aufbaut. Bei der nun bevorstehenden neuen Einverleibung bildet sich entsprechend dieser Matrix der

Zellenstaat, das Zellenheer, der Körper des Menschen aus.

Machen wir uns bewußt: Jede Zelle des Körpers ist eine Speicherquelle. Was die Seele in ihren physischen Leib einfließen läßt, bewirkt die beginnende Wahrnehmung im Gehirn des kleinen Menschenkindes.

Jede Zelle, jeder Baustein unseres physischen Körpers registriert von Anfang an die Inhalte unseres Fühlens, Empfindens, Denkens, Sprechens und Tuns. So kann man vom „Zellgedächtnis" sprechen, wobei jedes Zellgebilde sein spezifisches Zellgedächtnis hat.

Das Kind, das noch „in der Wiege" liegt, und später, wenn es zu laufen beginnt, ist auf die Eltern angewiesen. Die Basis, auf der das Kind aufbaut, die Anlagen, die auch in seiner kosmischen Matrix verzeichnet sind, hat die Seele aus ihren Vorinkarnationen mitgebracht. Nun sind die Eltern gefragt, wie sie ihr Kind anleiten. Sind sie bereit, ihre negativen Eigenschaften, wie z.B. Gehässigkeit, Streitsucht, das Unmoralische bei sich selbst zu hinterfragen, um es zu beheben, dann werden sie auch auf das Kind entsprechend eingehen, es entsprechend erziehen.

Das Kind speichert zuerst mit den Wahrnehmungssinnen Sehen, Hören, Riechen, Schmecken und Tasten – das also, was weitgehend bestimmt wird vom Einfluß der Eltern; das geben sie ihm auf seinen weiteren Lebensweg mit. Wenn später die fünf Komponenten Fühlen, Empfinden, Denken, Sprechen und Tun aktiv werden, werden diese für das Kind zu Werkzeugen seines Handelns. Auf diesem Weg wird der junge Mensch selbständig. Denn fließen die fünf Wahrnehmungen Sehen, Hören, Riechen, Schmecken und Tasten in die fünf Werkzeuge des Handelns – des Fühlens, Empfindens, Denkens, Sprechens und Tuns – ein, so kann der Mensch zwischen Gut und Böse unterscheiden. Er ist selbständig und aufgrund dessen auch verantwortlich für sein Tun und sein Unterlassen. Die Eigenverantwortung ist ausschlaggebend für sein persönliches Erdenleben.

Wer diesen Lauf des Erdenlebens von der Wiege an bejahen kann, der versteht nun auch, wie wichtig die Gebote Gottes und die Lehren des Jesus, des Christus, sind, die der Maßstab für die Kindererziehung sein sollten und maßgeblich für das weitere Erdenleben des Heranwachsenden. Einerlei, was die Seele in ihr Erdendasein mitgebracht hat – der junge Mensch ist später für sein Fühlen, Denken, Sprechen und Tun selbst verantwortlich.

Machen wir uns bewußt: Jeder Mensch speichert von der Wiege bis zur Bahre. Die Inhalte des Fühlens, Empfindens, Denkens, Sprechens und Tuns nimmt zuerst unser Gehirn auf; dieses leitet sie weiter an die jeweiligen Zellsysteme, entweder in die Zellen der Leber oder des Magens, der Lunge etc., nämlich stets in jene Zellsysteme, die schwingungsmäßig den aus dem Gehirn ankommenden Impulsen entsprechen. Dort werden sie energetisch gespeichert.

Jeder Zellverbund, auch jede einzelne Zelle, ja jeder Baustein unseres Körpers, hat also ein Langzeitgedächtnis, das beständig in Kommunikation mit dem Gehirn steht sowie mit den Eingaben in unserer Seele und darüber hinaus mit den entsprechenden Speicherplaneten, in denen ebenfalls die vom Menschen geschaffenen Energiepotentiale gespeichert sind.

Wer nicht aufgehört hat, zu lernen, der kennt sich immer besser, denn der Charakter des einzelnen Menschen hat sich aus den Inhalten und Abläufen in der Tätigkeit seiner Wahrnehmungs- und

Ausführungsorgane entwickelt. Wie kommt z.B. eine Handlung zustande?

Sobald wir etwas sehen oder hören, riechen, schmecken oder tasten, das unseren aktiven Speicherungen entspricht, beginnt die Wahrnehmung: Unser Nervensystem, der Resonanzboden unseres Körpers, kommt in eine bestimmte Vibration. Bilder steigen auf. Die ausführenden Komponenten Fühlen, Empfinden, Denken, Sprechen und Tun setzen sich in Aktion. Emotionen bewegen unser Gemüt. Wir beginnen zu denken. Unter Umständen drängt es uns, uns zu äußern, uns verbal „Luft" zu machen, oder wir wollen gar handeln, z.B. der Erregung, der Aufwallung die Tat folgen lassen. – Für den, der nicht passiv in den Tag hineinlebt, erhebt sich nun die Frage: Was ist es, das mich bewegt?

Wer gelernt hat, das, was ihn beschäftigt oder gar zu etwas zwingen möchte, in die Waagschale des Für und Wider zu legen – es also zu wägen, ob es gut, weniger gut oder gar schlecht ist –, der schaltet damit sein Gewissen, seinen „Seismographen", ein, um es auszuloten und eventuell das Gegensätzliche zu bereinigen. Tut er daraufhin Gleiches oder Ähnliches nicht mehr, so löst er sich allmählich von dem Unguten, das ihm unter Umständen in Zukunft übel mitspielen oder gar sein ganzes Erdenleben negativ beeinflussen könnte.

In unserem Zellenstaat ist jedoch nicht nur das menschlich Bedingte wirksam, sondern auch – beim einen mehr, beim anderen weniger latent – das Geistbewußtsein. Daher sendet uns das Zellgedächtnis auch aus dem Lebensquell Impulse, aus unserem wahren Sein – Positives! Nehmen wir es wahr, so können wir es in uns bewegen. Wir beginnen zu denken. Nun liegt es wiederum an uns: Vermehren wir den Schatz des Lebens, das Gute, das ein Splitter aus unserem allumfassenden göttlichen Erbe ist? Oder gehen wir über die Gabe achtlos hinweg, lassen diese also nicht zur Entfaltung kommen? Oder kehren wir die Botschaft des Göttlichen in uns in das Gegenteil um, indem wir unser noch bestehendes Ego damit aufwerten?

Alles, aber auch alles, was wir über die fünf Komponenten weiterspinnen, nimmt das Gehirn auf und leitet es an die Körperzellen weiter. Gleichzeitig gehen die Inhalte in die Seele und in die entsprechenden Speicherplaneten ein.

Merken wir uns: Mag sich auch unter Umständen der Mensch über den wahren Wert seiner

Regungen und Aktionen täuschen – die Kontrollinstanz Gehirn läßt sich nicht täuschen. Und das Zellgedächtnis vergißt nichts, weder Positives noch Negatives. – Unser Gegensätzliches können wir ausschließlich, einzig mit Christus, unserem Erlöser, aufheben, indem wir es Ihm übergeben; Er wandelt es – sofern es uns mit der Umkehr ernst ist – um in positive Kraft. Dadurch strahlt unsere Seele dann vermehrt Licht, göttliche Kraft, aus, und unsere Gehirnzellen geben das Licht an die Körperzellen weiter. So weit, wie die Körperzellen sich reinigen und lichter werden, gesundet der Mensch oder bleibt gesund, oder er vermeidet einen Schicksalsschlag.

Das Zellgedächtnis, aus dem das Gegensätzliche fließt und sich mehr und mehr auflöst, sendet das Licht – die hohe Kraft aus Gott und das Licht unseres Erlösers, Christus – zu den entsprechenden Wahrnehmungssinnen Sehen, Hören, Riechen, Schmecken und Tasten; das hat zur Folge, daß sich auch unsere fünf ausführenden Komponenten, Fühlen, Empfinden, Denken, Sprechen und Tun, veredeln. Das führt zu einer feinen Charakterbildung und zu einem gottbewußten Verhalten in unserem gesamten Erdenleben, in der Familie, in der Partnerschaft, mit Freunden, am Arbeitsplatz und so weiter.

Wer aufmerksam zugehört hat, der erkennt und versteht nun, warum der Ewige, Gott, unser Vater, uns erneut den Weg zum göttlichen Grund-Gesetz, zum All-Gesetz, gibt, die Gesetzesstufen von der Ordnung zum Willen, zur Weisheit, zum göttlichen Ernst, zur Geduld – gleich Güte –, zur Liebe, zur Barmherzigkeit – gleich Sanftmut.

Warum spricht uns Gott, unser Vater, auf vielfältige Art und Weise immer wieder darauf an? Weil das All-Gesetz der Liebe, das All-Gesetz Gottes, unser göttliches Erbe ist. Und so wir Menschen dieses zum Maßstab in unserem Leben erwählen, arbeitet auch verstärkt das Gewissen. Es ist der Seismograph, der uns beisteht und hilft, das zu erkennen, was gegen unser göttliches Erbe ist. Dieses Ungute kann uns – aufgrund des Gesetzes von Ursache und Wirkung – zum Verhängnis werden und dann in Form von Leid, Not, Krankheit oder in Form von anderem Unglück auf uns zukommen.

Schätzen wir das Ur-Licht, unser göttliches Erbe, die Schritte, die der Ewige, die ur-ewige Kraft, uns schon gegeben hat, arbeiten wir damit Tag für Tag, dann erschließt sich in uns der göttliche Lebensquell, der die Sehnsucht unserer Seele ist.

Nehmen wir auch dankbar den weiteren Schritt aus unserem göttlichen Erbe an, den uns das Ur-Licht zustrahlt und der uns die Weisheit übermittelt, die Tat!

Von Gott, unserem Vater, der Ur-Kraft, die unser Leben ist, empfangen wir den nächsten Schritt. Er lautet:

In Gottes Allgesetz, in Seinem Schöpfungswerk der Liebe und Weisheit, bin ich allumfassend wirkend.

Ich wiederhole, und wir lassen diese Lichtworte – so wir wollen – in unsere Körperzellen, in das Zellgedächtnis, einfließen:

In Gottes Allgesetz, in Seinem Schöpfungswerk der Liebe und Weisheit, bin ich allumfassend wirkend.

Ich wiederhole noch einmal:

In Gottes Allgesetz, in Seinem Schöpfungswerk der Liebe und Weisheit, bin ich allumfassend wirkend.

Denken wir ernsthaft über die absoluten Worte der Liebe und Weisheit nach, indem wir unsere Lebenssituation überprüfen und uns die Frage stellen: Bin ich bereit, ja möchte ich überhaupt mein Sündhaftes lassen, um das Wort Gottes, das absolut gesprochen ist, anzunehmen und zu erfüllen?

Sofern wir das Wort des ewigen Lebens bejahen und annehmen, sagen wir auch ja zu unserem Gewissen, dem Seismographen, der von Mal zu Mal heftiger bei uns anklopft.

Liebe Brüder, liebe Schwestern, ich bitte, Gottes allumfassende Hilfe, die allumfassende Handreichung, ernst zu nehmen! Wer damit leichtfertig umgeht, indem er die Worte nur in sich hineindenkt oder hineinspricht, ohne für sein Denken und Leben Konsequenzen daraus zu ziehen, setzt aber dennoch den Seismographen in Gang. Wer die Hinweise auf das Allzumenschliche nicht beachtet, wer also die Fehlhaltungen, die der Seismograph aufdeckt, mit der Hilfe des Christus Gottes nicht bereut und dadurch bereinigt, daß er Gleiches und Ähnliches nicht mehr denkt, spricht und tut, der wird in seinem Dasein Schwierigkeiten bekommen, die meist mit einer gewissen Unruhe, mit Instabilität im Denken und Tun beginnen.

Ordnet der Mensch jedoch mit Christus sein Erdenleben, so erlangt er Weisheit, weil sich seine Sinne, die Wahrnehmungsorgane, reinigen und sich die fünf ausführenden Komponenten Fühlen, Empfinden, Denken, Sprechen und Handeln den sich reinigenden Sinnen angleichen. Das bewirkt innere Festigkeit, Lauterkeit und Stabilität. Der Mensch beginnt, immer konsequenter das zu wägen, was er sieht und hört. Er wird dann auch der Verführung standhalten, den Reizen, die diese Welt bietet. Das bewirkt Charakterstärke und sinnerfülltes Leben.

Liebe Brüder, liebe Schwestern, nur ein wahres, sinnerfülltes Leben eint uns mit Gott, unserem Vater, und macht uns von innen her glücklich.

Das Glück-Erleben der wachen Seele und des Menschen wünsche ich euch, wünsche ich uns allen.

Gabriele

In meinem göttlichen
Erbe ist das Tatwerk der
göttlichen Liebe, Weisheit und
Gerechtigkeit.
In meinem Denken, Reden
und Tun erfüllt sich
Gottes Liebe, Weisheit und
Gerechtigkeit.

Weisheit 3

Weisheit 3

Liebe Brüder, liebe Schwestern in Christus! Hören wir, was das Gesetz Gottes, das Liebe ist, uns sagen möchte.

Das Gesetz des Ewigen ist unumstößlich, da es absolut, also in sich geschlossen und vollkommen ist. Darum kann es von keinem Wesen, aber auch von keinem Menschen verändert werden.

Vielen Zuhörern und Zuhörerinnen ist bekannt, daß das ewige Gesetz aus den sieben Grundkräften Ordnung, Wille, Weisheit, Ernst, Geduld – gleich Güte –, Liebe und Barmherzigkeit – gleich Sanftmut – besteht und daß jede Grundkraft in der anderen als Unterregion enthalten ist. Also sind es sieben mal sieben Gesetzeskräfte, die ineinander fließen und einem Kristall gleichen, der alle Facetten des ewigen Gesetzes widerspiegelt.

Aus diesem ewigen Gesetzesvolumen – sieben mal sieben göttlicher Kräfte – ist auch der göttliche Leib, der Geistleib der himmlischen Wesen, geschaffen. Das ist die Ausstrahlung jedes himmlischen Wesens. Somit ist das Geistwesen eine Lichtkraft-Quelle aus Gott.

Weil der göttliche Leib des himmlischen Wesens das formgewordene ewige, ganzheitliche Gesetz ist, ist jedes göttliche Wesen Erbe der Unendlichkeit. Aufgrund dessen sind ihm nicht nur sämtliche Himmelsebenen erschlossen – sondern sie gehören ihm auch als Essenz und Kraft; sie sind sein Erbe. Im ganzen ewigen Sein gibt es daher keine Konkurrenz, denn es gibt kein „mein" und „dein", kein „mir" und „dir", weil das Sein jedem gleich gehört. Somit ist jedes göttliche Wesen dem anderen gleichgestellt, und sie sind absolut einig, also eins. Mit ihrer geistigen Mentalität, gleich ihren geistigen Fähigkeiten, verkörpern sie den Himmel und wirken entsprechend ihrer Wesenheit. Darin liegt auch die Gesetzmäßigkeit der Einheit, ebenso der Gerechtigkeit Gottes.

Mit der Mentalität, gleich Fähigkeit, die auch als Talent oder Talente bezeichnet werden kann, trägt jedes himmlische Wesen Verantwortung für das Ganze. Das heißt, durch sein Wirken, das seiner Mentalität, den Fähigkeiten, also den Talenten entspricht, gibt das göttliche Wesen aus sich Energie zum Wohle der Unendlichkeit, zum Wohle des Reiches Gottes, das, wie gesagt, als Essenz und Kraft das Erbe jedes himmlischen Wesens ist. Jedes Geistwesen trägt also, schaffend und gestaltend aus seinem Lichtkraftpotential, zum weiteren Wachsen des Reiches Gottes bei. Das gemeinsame Wirken in der Verantwortung für das Reich Gottes ist das wahre, das göttliche Gemeinwohl, das Wohl für alle.

Uns Menschen ist die Tatsache, daß wir im Innersten der Seele – wie die Geistwesen des reinen Seins – Erben der Unendlichkeit sind, meistens nicht bewußt. Das Bewußtsein unserer göttlichen Herkunft, unseres inneren Wesens, ist überlagert von Niedrigschwingendem, z.B. von Bindungen an Materielles, von egomenschlichen Wunschvorstellungen u.a.m.

Daher ist der Mensch – der eine mehr, der andere weniger – geprägt von Egobezogenheit. Diese Enge des geistigen Bewußtseinshorizontes verstellt ihm den Blick für größere Zusammenhänge, auch für das Leid und Leiden von Nächsten und Übernächsten, der Tiere; er ist nicht eingebettet in die Einheit; Macht- und Herrschaftsansprüche, die letztlich in der fehlenden inneren Sicherheit begründet sind, haben Ungleichheit zur Folge. Viele schaffen und arbeiten, einige lassen für sich arbeiten. Das sind Verstöße gegen die Gerechtigkeit, die im göttlichen Gesetz verankert ist.

Das Handeln der göttlichen Wesen ist deshalb gerecht, weil alle gleichermaßen Erben des Seins, des Gesetzes Gottes, der Liebe, der Weisheit und Gerechtigkeit, sind, sie also im allumfassenden Tatwerk des Seins wirken, weil sie in ihr göttliches Erbe eingebunden sind – alle gleich ausgestattet mit den gleichen Gaben des Lebens, dem Allgesetz, das absolut ist. Da das so ist, geben sie aus sich und wirken aus sich.

Das bedeutet, daß sie auch in rhythmischen Zyklen, im Äonenlauf der Himmelsebenen wieder Energie vom Ewigen empfangen, und zwar weit mehr, als sie gegeben, also mit ihren Mentalitäten und Fähigkeiten, gleich Talenten, in das Reich Gottes eingebracht haben. Sobald die Ur-Kraft, der Geist Gottes, verstärkt in die Himmelsebene einfließt, die der Urzentralsonne am nächsten kommt, wird dieser auch vermehrte Energie zuteil, wodurch sich diese Himmelsregion ausdehnt und infolgedessen an Lichtkraft, an Urkraft, zunimmt. Auch die göttlichen Wesen dieser Himmelsebene empfangen dementsprechend Licht und Kraft, das Ur-Licht.

Das göttliche Prinzip ist ein absolutes Perpetuum mobile, das absolut ausgewogen ist und auf Geben und Empfangen basiert. Auch das ist die Gerechtigkeit Gottes: Wer selbstlos gibt, der empfängt auch.

So mancher, der dieses Lebensprinzip erfaßt, wird aufhorchen und eventuell daraus selbst den Schluß ziehen: Wenn das so ist, dann muß es auch im Zeitlichen so sein, weil Gott in allem das Absolute Gesetz ist. – Und so ist es auch.

Wir wollen nun gemeinsam diesen Gedanken weiterflechten. Da das Gesetz Gottes, das selbstlose Geben und Empfangen, auch im materiellen Universum gilt – was ergibt sich daraus für die Menschheit und für den Einzelnen? Wer nun tiefer über sich selbst nachdenkt, der wird sich selbst anhand des geistigen Wissens, das er aus dem Reich Gottes empfangen hat, hinterfragen. Z.B.: Was habe ich selbstlos gegeben, ohne Dank und Erwartungshaltung? Oder was habe ich eventuell zurückverlangt? Habe ich meine Talente vermehrt und für das Reich Gottes eingesetzt, oder habe ich sie vergraben? Und wenn ich sie vermehrt habe – zu wessen Wohl?

Schlagen wir gedanklich nun einen großen Bogen: Denken wir an die Propheten des Alten Bundes und kommen dann zu Jesus, dem Christus, der uns die Erlösung brachte.

Wie wir wissen, ist Gott das absolute, gebende Gesetz der Liebe, Weisheit und Gerechtigkeit. Zu allen Zeiten sandte Gott erleuchtete Männer und Frauen und Propheten, um den Menschen in allen Zeitepochen das zu offenbaren, was ihr göttliches Erbe ist. Wer Gottes Wort ernst nahm, zur Erfüllung des Wortes Gottes schritt und die Tat folgen ließ, um eine bessere, gottgewollte Welt zu schaffen, der empfing auch die Gaben der Liebe und die Hilfe, seine Talente zu vermehren – für eine Welt, in der höhere Werte zum Tragen kommen, und zum Wohle der gottzustrebenden Menschen. Außerdem gibt Gott auch Seine Kraft für die Gesundheit. Gott gibt Nahrung, Obdach und Kleidung, natürlich alles im Rahmen der Gerechtigkeit und Einheit, im Bewußtsein der Gleichheit und Brüderlichkeit.

Mit den Gaben Gottes ist nicht der materielle Reichtum des Einzelnen gemeint, sondern das Empfangen aus dem Leben Gottes – jenes Maß an Wohlergehen, das ihm nach seinem energetischen Stand zukommt. Das Prinzip der Einheit heißt: Einer für alle, und alle für Einen, der Gott ist. Es ist das Prinzip der Himmel und das der göttlichen Wesen.

Bedenken wir, was Jesus in diese Welt brachte! Er ließ einen Teil Seines göttlichen Erbes in alle belasteten Seelen und auch in die verkörperten Seelen, die Menschen, einfließen. Die mächtige erlösende Kraft aus dem geistigen Erbe des Christus Gottes teilte sich in Funken auf und gebar sich, wie schon in etlichen Büchern des Universellen Lebens ausführlich beschrieben, in alle Seelen ein.

Nach Jesus, dem Christus, kamen immer wieder erleuchtete Menschen, die ihren Mitmenschen das Gesetz Gottes, das Leben der Einheit und wahrer Brüderlichkeit, nahebringen wollten. Menschen in allen Zeitepochen haben gehört und genommen, also empfangen, haben jedoch wenig gegeben. Viele blieben nicht nur die alten Sünder, sondern sie verschatteten sich immer mehr und taten – und tun auch heute – genau das Gegenteil von dem, was die erleuchteten Menschen lehrten, also von Gott brachten.

Jesus, der Christus, gab das Größte, nämlich einen Teil Seines göttlichen Erbes. Damit fing Er die Degenerierung der Seelen ab. Er verhinderte ihre Auflösung. Er wandte somit die Gefahr unermeßlicher Qualen einer Seelenauflösung für alle

Zeiten ab. Statt Auflösung heißt es seitdem: Erlösung – durch Jesus, den Christus.

Die Fürsorge Gottes für Seine Kinder ist unermeßlich. Seit über 30 Jahren ergeht aus Gottes Liebe und Weisheit ein großes, allumfassendes Geschenk an Seine Menschenkinder: Seine Botschaft der Himmel. Christus machte wahr, was Er als Jesus versprochen hatte: die ganze Wahrheit zu offenbaren, soweit sie mit menschlichen Worten gegeben und verstanden werden kann. Gleichzeitig kündigte Er auch Sein Friedensreich auf Erden an, das sich heute schon, auf der gequälten und malträtierten Erde, als noch kleiner Baustein zeigt und zunehmend Gestalt gewinnt.

Gehen wir in unserem Gedankenlauf weiter und ziehen den Bogen zu der Menschheit in allen Generationen. Wie hielt es die Masse der Menschen mit Gottes Wort, mit Seinen reichen Gaben der Liebe und Weisheit? Auch in unserer Zeit haben die meisten Menschen das Wort aus den Himmeln zwar genommen, doch nicht wenige haben es mit Füßen getreten, das heißt, „die Talente vergraben“. Man nahm also die Tatsache des Gotteswortes zur Kenntnis, zog aber daraus keine Konsequenzen. Weitaus die Mehrheit der Menschen blieb im kirchlichen

Rekrutendienst, einrekrutiert durch die Taufe, und dadurch in ein System eingebunden, das gegen die Lehre des Jesus, des Christus, ist, gegen die Liebe, die Einheit, die Freiheit und Brüderlichkeit. Wieder andere streben nach persönlichem irdischen Reichtum, nach Profit und Ehren.

Und eine weitere Spezies von Menschen will es diesen gesellschaftlich „Emporgekommenen" gleichtun. Die Folge dieser geistigen Abtrünnigkeit ist das „mein" und „mir", aus dem Neid, Mißgunst, Haß und somit Entzweiung erwuchsen und erwachsen.

Statt Einheit und Brüderlichkeit ergab sich mehr und mehr Feindseligkeit und zunehmend die Aufteilung der Erde in Parzellen. Daraus entwickelte sich der Bruderkrieg, der Brudermord. Die Zerstörung der Natur führte zur Quälerei der Tiere bis hin zum Tierkannibalismus. Man verzehrt seine Übernächsten, die Tiere, die doch dieselbe Luft atmen wie wir Menschen, also denselben Atem haben, der sie mit Lebenskraft versorgt, wie wir auch.

Was ist aus dem Menschen geworden? Global gesprochen, ein Kadavermensch mit geringen geistigen, göttlichen Werten. Das Verhalten der Menschheit in der Vergangenheit und heute treibt die Welt dem Kipp-Punkt zu, der als weltweiter Kollaps bezeichnet werden kann. Die Apokalypse bahnt sich an: Die ungute Saat der bewußt Gott Abgewandten geht auf; diese Ernte wird der Erde anheimfallen. Die unauflösbare Seele nimmt die Last, die ihr der Mensch auferlegt hat, mit in die Reinigungsebenen. Man kann sagen: Das Gesetz von Saat und Ernte ist in vollem Gange; das Kausalgesetz hält reichlich Ernte.

Gott in Christus, unserem Erlöser, gab uns in den vergangenen 30 Jahren aus dem Füllhorn des Lebens. Die meisten Menschen haben daraus nicht den geistigen Gewinn gezogen. Weil es so ist, wie es ist, steht diese Welt nicht nur am Abgrund – sie gleitet immer tiefer in die Gruft des Todes, in der schon viele geistig Tote ihr Unwesen treiben. Deshalb heißt es in dem von Gott gegebenen unmittelbaren Ur-Licht-Weg immer wieder: Rette sich, wer sich retten lassen möchte, bevor diese Welt vergeht!

So mancher Bruder oder Schwester im In- und Ausland könnte nun den Einwand erheben: „Ich hatte bislang vom redenden Gott noch nichts gehört; ich falle also nicht unter die Masse jener Menschen, die vom Ewigen empfangen und dennoch die geistigen Gaben nicht entwickelt, diese also vergraben haben. Somit konnte ich geistige Talente nicht einbringen, um beim Aufbau des Reiches Gottes auf Erden beizutragen."

Wie schnell haben wir Menschen eine Entschuldigung, die doch nur einer Ausrede gleichkommt, denn: Wer weiß nicht um die Gebote Gottes und die Christen auch um die Lehre des Jesus, des Christus, um Seine Bergpredigt und Seine Wehrufe? Entschuldigungen, Ausreden gibt es mehr als genug. Der Zustand der Erde sendet allerdings andere Signale. Das Leid der Tiere, die erkannten und unerkannten Krankheiten der Menschen, die unzähligen Kriege auf dem Planeten Erde, die weltweiten sogenannten Naturkatastrophen zeigen auf, daß die Erde nicht länger mehr zu tragen vermag und daß allmählich auf ihre Quäler das zurückkommt, was ihr von diesen auferlegt wurde.

Gott, der Ewige, gibt und gibt. Warum? Weil Er Seine Kinder liebt. Betrachten wir den Zustand der Erde und die Fülle der göttlichen Gaben, die der Ewige gerade in dieser Zeit aus dem Füllhorn des Lebens gibt, dann stellt so mancher die Frage: Ist dieser einmalige und unmittelbare Weg zum Herzen unseres ewigen Vaters der letzte? Oder ist die sich ergießende Ur-Kraft ein Ruf, ein Weckruf? Ist sie eine Mahnung an die Menschheit und zugleich eine Chance für alle, sich aufzumachen und den göttlichen Anker zu ergreifen, den Gott, unser himmlischer Vater, noch einmal in die Herzen der Menschen hineingleiten läßt, um sie vor Qualen, Krankheiten, Seuchen und Nöten zu retten?

„Rette sich, wer sich retten lassen möchte, bevor diese Welt vergeht" ist wahrlich ein Weck- und Mahnruf an uns, auch hinsichtlich der von Gott gegebenen unermeßlichen geistigen Gaben! Werden sie von uns Menschen entfaltet, dann entwickeln sich die geistigen Talente. Dann trägt der Mensch zum Aufbau des Reiches Gottes auf Erden bei und bereitet gleichzeitig Jesus, dem Christus, die Wege zu Seiner geistigen Wiederkunft, so daß Sein Thron und der des himmlischen Vaters auf die Erde kommen und Jesus, der Christus, mit Seinen lichtvollen Schritten die Natur und die geistdurchdrungenen Stätten auf der lichten Erde durchschreiten kann.

Aus den göttlichen sieben Grundkräften, aus dem ewigen Gesetz, das unser göttliches Erbe ist, versucht also der Ewige, unser Inneres zu erreichen, das Wesen, das Er geschaut und im siebendimensionalen Gesetzeslauf geschaffen hat. Wohl dem Menschen, der das Hineinstrahlen des Ur-Lichtes in die Seele und in die Körperzellen zuläßt. In dieser schweren Zeit, die, materiell gesehen, immer aussichtsloser wird, weil die Erde auf Ernte eingestellt ist, versucht Gott, unser Vater, uns heimzuholen, uns heimzuführen in unser Innerstes, zu unserem göttlichen Erbe.

Auch in dieser Sendung spricht der mächtige Geist wieder einen Aspekt der Grundkraft der Weisheit an, unser göttliches Erbe. Was heute, morgen, also täglich in unsere Seele und in unsere Körperzellen einfließen möchte, heißt:

In meinem göttlichen Erbe
ist das Tatwerk der göttlichen Liebe,
Weisheit und Gerechtigkeit.
In meinem Denken, Reden und Tun
erfüllt sich Gottes Liebe, Weisheit und
Gerechtigkeit.

Ich wiederhole die Ur-Licht-Strahlung, die wir in unser Inneres, in unsere Seele und in unsere Körperzellen hineindenken:

***In meinem göttlichen Erbe
ist das Tatwerk der göttlichen Liebe,
Weisheit und Gerechtigkeit.
In meinem Denken, Reden und Tun erfüllt
sich Gottes Liebe, Weisheit und Gerechtigkeit.***

Ich wiederhole:

***In meinem göttlichen Erbe
ist das Tatwerk der göttlichen Liebe,
Weisheit und Gerechtigkeit.
In meinem Denken, Reden und Tun erfüllt
sich Gottes Liebe, Weisheit und Gerechtigkeit.***

Kaum haben wir die Ur-Licht Strahlung in unsere Seele und in unsere Körperzellen hineingedacht oder hineingesprochen, meldet sich schon der uns bekannte Wegbegleiter, der Seismograph. Haben wir ihn in den zurückliegenden Ur-Licht-Strahlungen an- und aufgenommen, dann erleben wir seine Arbeit in unserer Seele und in unserem Unterbewußtsein. Seine Arbeit beginnt, indem er aus der

Seele oder aus dem Unterbewußtsein den Gegensatz zu den göttlichen Eingaben anstößt und ans Tageslicht, das heißt ins Oberbewußtsein, befördert. Aus unserem Gewissen steigt ein sogenanntes „mulmiges“ Gefühl, ein ungutes Gefühl, empor, das uns zur Bereinigung alles Unguten veranlassen, uns quasi antreiben möchte. Entweder nehmen wir die Impulse an und lassen sie zu uns sprechen, oder wir verdrängen sie. Schenken wir unserem Begleiter, dem Seismographen, der für manchen von uns zu einem guten Freund geworden ist, Gehör, und schenken wir ihm die ihm gebührende Aufmerksamkeit, dann spiegelt er uns unsere Gegensätzlichkeiten entweder in Bildern zu, oder er gibt sie uns als Gedanken in unser Unterbewußtsein ein.

Der Seismograph, der unser Gewissen ist, wirkt entsprechend unseren Reaktionen. Entweder sind wir für ihn oder gegen ihn – dementsprechend verhält er sich auch. Haben wir den Seismographen in unser Denken und Verhalten aufgenommen, und arbeiten wir mit ihm, dann weist er uns auch auf unser Zellgedächtnis hin.

Beachten wir folgendes: Sind wir schon zu unseren allzumenschlichen Eingaben geworden, weil das Gegensätzliche, das uns unfrei machte, zur Gewohnheit wurde, dann haben es die entsprechenden Körperzellen aufgenommen und arbeiten gegen uns, also gegen unseren Körper. Das bedeutet, daß es dann auch um einiges schwerer sein wird, dem Zellgedächtnis positive Informationen zukommen zu lassen. Warum? Weil unsere Eingaben einen systematischen Verlauf nehmen. Zuerst arbeitet jeder von uns mit den fünf Sinneswahrnehmungen Hören, Sehen, Riechen, Schmecken und Tasten und dann mit den fünf ausführenden Komponenten Fühlen, Empfinden, Denken, Sprechen und Tun.

Das sind also die sensitiven Werkzeuge unseres Körpers, mit denen wir arbeiten. Zuerst speisen wir unser Oberbewußtsein, dann unser Unterbewußtsein. Über das Unterbewußtsein geht es in die Seele und in die Speicherplaneten. Gleichzeitig programmieren wir die entsprechenden Körperzellen. Sie halten fest, was wir ihnen eingeben, und wirken damit auf unseren Körper ein, z.B. auf die Lunge, den Magen, je nach der energetischen Schwingung, die vom Gehirn als Signal, gleich Impuls, kommt. Das ist der Weg, auf dem sich Negativprogramme zu Krankheiten im Körper, zu Nöten oder Schicksalsschlägen aufbauen.

Jeder von uns ist also selbst der Urheber seines Schicksals. Er kann aber auch ein rechtzeitiger Bereiniger seiner geschaffenen Ursachen sein.

So kann gesagt werden: Was in den verschiedenen Bereichen der Zellverbände schwingungsmäßig vorliegt, kann uns entsprechend als Schicksal treffen, wenn wir die Ursache nicht rechtzeitig erkennen und beheben. Was uns der Seismograph, unser Gewissen, zuspiegelt oder zuspricht, sollten wir deshalb nicht mit der Begründung abtun, das, was zu tun wäre, habe noch Zeit. Denken wir daran: Wir speichern unablässig!

Liebe Brüder, liebe Schwestern, noch einmal möchte ich uns den heute gegebenen Aspekt unseres göttlichen Erbes nahebringen:

In meinem göttlichen Erbe
ist das Tatwerk der göttlichen Liebe,
Weisheit und Gerechtigkeit.
In meinem Denken, Reden und Tun erfüllt
sich Gottes Liebe, Weisheit und Gerechtigkeit.

Gott, unser Vater, möchte, daß wir zu Ihm zurückkehren. Er strahlt uns unermüdlich Sein Ur-

Licht zu, das mit dem Erlöserlicht des Christus Gottes in uns verbunden ist.

Nützen wir diese wunderbare Chance, bevor diese Welt vergeht!

Liebe Brüder, liebe Schwestern, in geistiger Verbundenheit einen herzlichen, göttlichen Gruß:

Gott zum Gruß!
Gabriele

Ich bin die Ernsthaftigkeit in
Gottes allweisen vier Wesenheiten.
Die Zügel für mein Dasein habe
ich Gott übergeben.

Ich bin Seine göttliche Ordnung.
Ich bin Sein göttlicher Wille.
Ich bin Seine göttliche Weisheit.
Ich bin Sein göttlicher Ernst.

Ernst

Ernst

Liebe Brüder, liebe Schwestern in Christus! Urchristen im In- und Ausland hören wieder die Ur-Licht-Strahlung, den unmittelbaren Gesetzesweg hin zum Reich Gottes, zu unserem göttlichen Erbe im Urgrund unserer Seele.

Wir vernehmen heute das Ur-Licht aus dem göttlichen Ernst. Es ermahnt uns, gewissenhaft und ernsthaft die vorausgegangenen Ur-Licht-Strahlungen aus den Grundkräften der Ordnung, des Willens und der Weisheit mit konsequenter Ausdauer weiter auszubauen, um so die Schritte hin zu den göttlichen Eigenschaften Geduld – gleich Güte –, Liebe und Barmherzigkeit – gleich Sanftmut – tun zu können.

Wer die Ur-Licht-Strahlung ernsthaft und gewissenhaft anwandte und anwendet, dessen Erdendasein wandelt sich. Innere Freude und Dankbarkeit Gott gegenüber wachsen, weil seine Gefühle, Empfindungen, Gedanken, Worte und Werke lichter, also gottnaher werden. Menschen, die diesen Weg gehen, fühlen und empfinden immer mehr die Sehnsucht nach dem unergründlichen göttlichen Ozean, nach der ewigen Heimat, dem Reich Gottes in ihnen.

Für solche Menschen öffnet sich, symbolisch gesprochen, das innere Seelenfenster, das ganz allmählich den Blick in ein lichteres Sein freigibt, durch das dann der Duft der himmlischen Rosen in das Gemüt und in die Gedanken einströmt. In solchen Menschen erheben sich Kraft und Lebensfreude, weil auch ihre Körperzellen sich mit der Liebe zu Gott füllen. Die Sehnsucht nach den Eigenschaften der Seele wird spürbar, nach der Güte, Liebe und Sanftmut. Sie sind die Eigenschaften des Vater-Mutter-Gottes und die Seiner Kinder, der Söhne und Töchter Gottes.

Die Ur-Licht-Strahlung, der Weg zum Vater-Mutter-Gott, ist wahrlich ein Geschenk der Himmel, besonders in dieser ruhelosen Zeit, in der Ungewißheit und Angst in den Herzen der Menschen diese in Verzweiflung und Aussichtslosigkeit treiben. Man hört und sieht es immer deutlicher, daß diese Welt dem Abgrund zusteuert.

Wer sich selbst aufgibt, indem er nicht ernsthaft sucht, die Antworten auf die Fragen nach Gott und dem Jenseits zu finden, dem wird in dieser stürmischen Zeit das Ruder seines persönlichen Lebensschiffes aus der Hand gleiten. Wie automatisch stellt sich dann die Frage: Wer oder was wird das Ruder im Dasein dieses Menschen ergreifen?

Das hängt von dem ab, was der Mensch denkt, worauf er sich gedanklich ausrichtet. Ein ebenso geartetes Energiefeld, das an ihm Interesse hat, wird ihn sodann erfassen und entsprechend gebrauchen. Ja, es wird ihn mißbrauchen, unter anderem, indem es ihm Kräfte entzieht, also raubt.

In dieser Welt wird es immer dunkler. Warum? Weil aufgrund des Kausalgesetzes ein erheblicher Energiemißbrauch die Menschheit zunehmend schwächer werden läßt. Wie läuft das ab?

Leben ist Kommunikation. Kommunikation besteht aus Senden und Empfangen. Auf Erden kann man sowohl energetisch Positives senden – und entsprechend Positives empfangen – als auch Negatives senden, Ungutes. Dann werden wir nach dem Kausalgesetz, dem Gesetz von Ursache und Wirkung, Negatives, Ungutes, empfangen, denn womit wir in Austausch stehen, das wirkt auf uns ein, das nehmen wir auf. Auf diesem Prinzip ist das Gesetz von Ursache und Wirkung aufgebaut, das Gesetz von Saat und Ernte. Es kann auch als das Austausch- und Bindegesetz bezeichnet werden.

Wir senden in unseren Gefühlen, Empfindungen, Gedanken, Worten und mit unserem Tun. Der Mensch bindet sich selbst an das, was er an Gegensätzlichem, Ungutem, aussendet. Oder er nimmt Energie von demjenigen, den er mit seiner Negativ-Energie ansendet, dann, wenn dieser es zuläßt. Denn auf dem Wege von Senden und Empfangen fließen immer Energien. Entweder es fließen und verstärken sich die positiven Energien – oder dasselbe vollzieht sich im negativen Sinne. Innerhalb einer Gruppe von Menschen, die sich im gegensätzlichen Denken und Tun einig sind, fließt folglich Negativ-Energie. Durch diesen Energiefluß sind sie unter Umständen an ein entsprechendes negatives Energiefeld angebunden, das in der Atmosphäre der Erde nur darauf wartet, mit gleichartigen Kräften in Kommunikation zu treten.

Wie oft hören wir von unseren Mitmenschen sinngemäß: „Ich habe nur Gutes im Sinn; meine Gedanken und Wünsche sind in Ordnung." Doch ist das wirklich so? – Wer nicht gelernt hat, sich selbst zu hinterfragen, der kennt sich nicht und ist der Meinung, er sei gut.

Was heißt „gut"? – Im Geiste Gottes hat das Wort „gut" eine tiefe Bedeutung, denn gut ist allein

Gott. Er ist das heilige Gesetz der Liebe, das gut ist.

Ein göttliches Wesen, ein Geistwesen, würde niemals von sich sagen: „Ich bin gut." – Wer so von sich denkt, der zeigt damit, daß er sich etwas zusprechen muß, eine Charakterqualität, die er, der Mensch, noch nicht verkörpert. Die göttlichen Wesen hingegen leben im Ozean, Gott, im Gesetz der Liebe. Sie brauchen sich nicht selbst zu bestätigen, daß sie gut sind. Das Gute, das Leben, das Gott ist, durchströmt und durchdringt sie, es ist ihre Lebenssubstanz.

In dieser Zeit strömt die Lichtkraft Gottes, das Ur-Licht, mit Macht in die verdichteten Bereiche des Falls. Wir stehen in einer besonderen Gnadenzeit.

Der willige Mensch spürt, daß Gott ihm die Schritte hin zum Gesetz der Liebe, das gut ist, vorgeben möchte. Der Ewige, der das ur-ewige Gesetz der Liebe ist, das Ur-Licht, ruft noch einmal Seine Kinder auf, Ihm näherzukommen, bevor diese Welt vergeht.

Wer bestrebt ist, die Schritte zu tun, die ihm das Ur-Licht aufzeigte und aufzeigt, den Weg ins

Reich Gottes, das inwendig in jeder Seele ist – es sind die Schritte der Ordnung, des Willens und der Weisheit –, der ist wachsam geworden und erfaßt die Ernsthaftigkeit, die dem Wanderer ins Reich Gottes Festigkeit, Sicherheit und Heimatgefühl bringt, also Gottnähe.

Diese feinen inneren Wahrnehmungen, die das Erwachen der Seele kennzeichnen, lassen fühlen, was Einheit, Gemeinsamkeit mit Gott-Vater und Christus und mit allen Brüdern und Schwestern im Reich Gottes ist, aber auch Gemeinsamkeit mit dem Innersten in der Seele jedes Menschen. Menschen, die durch das geöffnete Bewußtseinsfenster Güte, Liebe und Sanftmut blicken, erleben die kostbare Welt der Natur. Sie empfinden die feinen Regungen der Tiere, Pflanzen und Mineralien. Die Mutter Erde ist ihnen dann Mutter und Vater geworden.

Gott, der Geist der Wahrheit, ist immer das gebende Prinzip, der Seine Menschenkinder über die Erde reichlich beschenkt. Diese tiefe Wahrnehmung ist wahrlich der Duft der himmlischen Rose, der Liebe, mit der der Ewige Seine Kinder umfängt und ihnen signalisiert, daß die drei Kindschaftseigenschaften der Ozean des Lebens sind.

Liebe Brüder, liebe Schwestern, die beste und fruchtbarste Erkenntnis ist die Selbsterkenntnis. Hinterfragen wir unser Denken und Leben ehrlich! Fragen wir uns, ob wir die Schritte hin zum Ozean des Lebens getan haben, hin zum Gottesgarten, aus dem der Duft der Rosen der Liebe strömt, der unsere Seele durchdringen möchte.

Das Fenster der Seele öffnet sich allerdings nur dann, wenn wir in unserem Erdendasein die vier Wesenheiten Gottes so weit leben, um wahrhaft sagen zu können: Wir sind bessere Menschen geworden – Menschen, die der Gottes- und Nächstenliebe näherkamen oder näherkommen.

Viele Menschen, die vom Gesetz der Gottes- und Nächstenliebe gehört oder gelesen haben, sind der Ansicht, daß sie die Liebe Gottes mehr oder weniger verkörpern. Sie meinen, Kennzeichen der göttlichen Liebe in ihrem Denken und Leben zum Ausdruck zu bringen.

Doch es ist ein Irrtum zu glauben, es wäre ein Zeichen von Liebe, wenn man dem Nächsten zum Munde redet oder ihn nach seinem Gutdünken gewähren läßt, seinen allzumenschlichen Neigungen sogar noch mit Wohlwollen entgegenkommt, ihn also in diesen bestärkt.

Wohlgemerkt: Der freie Wille des Nächsten, der in der Toleranz einen Ankerplatz hat, ist immer zu wahren. Jeder ist frei, das zu tun oder zu lassen, was er möchte, wie es seinem Denken und Wollen entspricht. Angemessen ist die Toleranz dann nicht, wenn Menschen gegen die Ordnung Gottes, Seinen Willen und Seine Intelligenz, die göttliche Weisheit, verstoßen. Hier heißt es, allgemein aufzuklären – vor allem dann, wenn andere in das Kalkül menschlicher Willkür mit hineingezogen werden.

Auch persönlich müssen wir das, was uns andere aufzwingen wollen, nicht tolerieren. Wir können, ja wir sollten dann ebenfalls das vertreten, was unsere Vorstellung ist; ob diese dem Gesetz Gottes entspricht oder nicht, mag vorerst dahingestellt sein. Die Gottes- und Nächstenliebe, die das Allgesetz, das Leben, ist, kann nur dann angewendet werden, wenn der Betreffende, der davon spricht, die ersten vier Grundkräfte, Ordnung, Wille, Weisheit und Ernst, weitgehend erschlossen hat. Alles andere ist ein Liebegesäusel, mit dem sich viele – gerade jene, die viel geistiges Wissen haben – darstellen und damit andere verurteilen, die ihrer Ansicht nach keine Liebe hätten. Solche Äußerungen sind Anmaßungen, die dem Weisen zeigen, wessen

Kind er vor sich hat. Denn wer urteilt, der verwirft. Die Toleranz ist also ebenso eine Gratwanderung wie das „Wohlwollen", das zum Munde redet, oder gar das Wort „Liebe", dann, wenn damit andere an den Pranger gestellt werden.

Beleuchten wir einmal die Worte „Gottes- und Nächstenliebe": Wer Gott nicht von ganzem Herzen, aus der Tiefe seiner Seele, liebt, der kann auch seinen Nächsten nicht lieben. – Diese Aussage, als eine Gesetzmäßigkeit der Freiheit angenommen, könnte zur Selbsterkenntnis führen, die dem Menschen aufzeigt, woran es ihm unter Umständen noch mangelt. Wer jedoch die Gottes- und Nächstenliebe in sich erfährt, weil er die Schritte über die vier Wesenheiten Gottes getan hat, für den wird sich auch das Bewußtseinsfenster öffnen, durch das der Duft der himmlischen Rose in die Sinnes- und Wahrnehmungswelt des Menschen strömt.

Gott, der Ewige, atmet in Seinem Schöpfungswerk der Ordnung, durch die Ordnung in Seinem Willen, durch Ordnung und Wille in Seiner Weisheit und durch die drei Wesenheiten in der vierten Wesenheit, dem göttlichen Ernst. Die vier Grundkräfte bilden die Basis für die Kindschaftseigenschaften.

Über die vier Wesenheiten Gottes – Ordnung, Wille, Weisheit und Ernst – schuf der Allmächtige nach Seinem väterlichen Ur-Herzen Seine Kinder und hauchte ihnen Güte, Liebe und Sanftmut ein. Sie empfingen also zuerst den Schöpfungs-, gleich Schaffungsaufbau, Seine vier göttlichen Wesenheiten, und dann den Kindschaftsodem Güte, Liebe und Sanftmut. In jeder Grundkraft Gottes sind immer alle anderen, gleichsam als Unterregion, mit enthalten. Das ist das ganzheitliche Gesetz, das lautet: Alles ist in allem, und alle sind in allem.

Die Gottesliebe und Nächstenliebe kann also nur über die vier Wesenheiten erschlossen werden, die die Schöpfungs- und Schaffungskräfte, die Aktivitäten im göttlichen Wesen sind. Das gilt auch für den Menschen, der allzu gern die Liebe und Nächstenliebe als Maß-Stab und Forderung beim anderen anzusetzen versucht.

Im Ur-Licht, das der Allmächtige ist, wirkt Seine Gottesliebe zu Seinen Kindern. Das Ur-Licht spricht also Seine Menschenkinder an.

In den zurückliegenden Ur-Licht-Strahlungen erlebten wir den Weg der Gottes- und Nächstenliebe, der, wie schon erwähnt, bei der Ordnung begann. Damit wir den Weg zu unserer Vollkommenheit, dem Gesetz der Liebe, das unser göttliches Erbe ist, verstehen und einen gerechten Maßstab für uns haben, hören wir noch einmal die schon gegebenen Ur-Licht-Worte der drei Wesenheiten. Anschließend widmen wir uns der vierten Wesenheit, der des Ernstes.

Die Worte der Ur-Licht-Strahlungen lauten:

Ich bin die Ordnung in Gottes All-Ordnung.

Ich bin die Ordnung in Gottes All-Ordnung,
die mein Gemüt beleuchtet.

Ich bin die Ordnung in Gottes All-Ordnung,
die die Inhalte meiner Gedanken ausleuchtet.

Ich bin die Ordnung in Gottes All-Ordnung, die
die Inhalte meiner Worte offenbar werden läßt.

Ich bin das Leben in Gottes Tatwerk,
in Seiner Schöpfung, für Mensch, Natur
und Tiere.

Ich bin der Wille in Gottes Schöpfungswillen,
der mein Gemüt erhellt und der Inhalt meiner
Gedanken ist.

Ich bin der Wille in Seinem Schöpfungswillen
des Es Werde. Es werde lichter und lichter
in meinem Bewußtsein.
Meine fünf Sinne erhellen sich.

Gottes heiliger Wille leuchtet in meinen Sinnen,
Gedanken und Worten. Meine Körperzellen
erneuern sich. Meine Seele erhellt sich.

Mein Wesen ist Licht aus Seinem Licht.
Meine Sinne und der Inhalt meiner Gefühle,
Empfindungen, Gedanken, Worte und Werke
sind durchlichtet.
Ich bin frei und kosmisch lebendig. –
Mir ist bewußt: Ich bin für Gott, und Gott,
die All-Einheit, ist für mich. So bin ich
die All-Einheit in Gottes Wesenskraft.

In Gottes Allgesetz,
in Seinem Schöpfungswerk der Liebe und
Weisheit, bin ich allumfassend wirkend.
In meinem göttlichen Erbe ist das Tatwerk der
göttlichen Liebe, Weisheit und Gerechtigkeit.
In meinem Denken, Reden und Tun erfüllt sich
Gottes Liebe, Weisheit und Gerechtigkeit.

Nun sprechen wir den Ernst, die vierte Wesenheit Gottes, an, die, wie alle anderen, in uns als göttliches Erbe aktiv werden möchte.

Wir bejahen die drei vorausgegangenen Wesenheiten mit den Herzensworten:

Herr und Vater,
ernsthaft und gewissenhaft erfülle ich
weitgehend die drei Wesenheiten,
um mich nun in der vierten Wesenheit
zu üben.

Jetzt denken wir bewußt und intensiv in den Urgrund unserer Seele hinein:

Ich bin die Ernsthaftigkeit in Gottes
allweisen vier Wesenheiten.
Die Zügel für mein Dasein habe ich
Gott übergeben.
Ich bin Seine göttliche Ordnung.
Ich bin Sein göttlicher Wille.
Ich bin Seine göttliche Weisheit.
Ich bin Sein göttlicher Ernst.

Noch einmal lassen wir diese Worte tief in unser Inneres hineinströmen:

Ich bin die Ernsthaftigkeit in Gottes
allweisen vier Wesenheiten.
Die Zügel für mein Dasein habe ich
Gott übergeben.
Ich bin Seine göttliche Ordnung.
Ich bin Sein göttlicher Wille.
Ich bin Seine göttliche Weisheit.
Ich bin Sein göttlicher Ernst.

Diese absoluten Aussagen rufen natürlich den Seismographen auf den Plan. Er ist wahrlich ein guter Planer, der bei jedem den Tag beachtet, der bekanntlich der besondere Tag jedes einzelnen ist. Was der Seismograph uns in Bezug auf unsere absoluten Aussagen übermittelt, das bringt er im Zusammenhang mit unseren Tagesaspekten zielsicher in unser Oberbewußtsein. Am Herzschlag oder am Atemrhythmus oder über das Sonnengeflecht können wir erkennen, was er uns jeweils über unser Gewissen sagen möchte.

Fruchtbringend ist unser Dasein erst dann, wenn wir die Erfahrung machen, daß sich das innere Fenster öffnet und uns der Duft der himmlischen Rosen anhaucht. Dann erst beginnen wir zu leben, denn einzig Gott ist das Leben.

Liebe Geschwister, sprechen wir noch einmal die Worte des Ur-Lichtes in uns hinein. Sie möchten unser inneres Bewußtsein erwecken, bewegen und stärken:

Ich bin die Ernsthaftigkeit in Gottes allweisen vier Wesenheiten.
Die Zügel für mein Dasein habe ich Gott übergeben.
Ich bin Seine göttliche Ordnung.
Ich bin Sein göttlicher Wille.
Ich bin Seine göttliche Weisheit.
Ich bin Sein göttlicher Ernst.

Liebe Brüder, liebe Schwestern, aus der Tiefe meines Herzens wünsche ich euch, uns allen den himmlischen Rosenduft. Er eröffnet uns, was wahre Liebe ist, was wahre Freude, ja inneres Glück und Sicherheit in Ihm, Gott, unserem Vater, ist.

Die Rosen des Herzens verbinden uns.
In der inneren Verbindung
Gabriele

Nun fasse ich die Hand
meines lieben Vaters,
meines treu sorgenden Erlösers,
Christus,
und lasse sie nicht mehr los.

Kindschaft

Kindschaft

Liebe Brüder, liebe Schwestern in Christus! Urchristen im In- und Ausland hören wieder die Ur-Licht-Strahlung.

In dieser himmlischen Botschaft können wir heute erfühlen, was es bedeutet, wenn sich das Rosentor öffnet.

Nützen wir diese Stunde, um uns zunächst bewußt zu werden, daß unsere Seelen nicht von dieser Welt sind!

Es ist zu hoffen und zu wünschen, daß immer mehr Menschen zu der Einsicht gelangen, daß sie derzeit wohl Menschen auf dem Planeten Erde sind, aber der Erde letztlich nicht angehören.

Der unabänderliche Beweis für diese Tatsache ist das Hinscheiden unseres physischen Körpers am Ende unseres Erdenganges. Irgendwann kommt der Tod, ob wir ihn willkommen heißen oder nicht. Das schon will uns sagen, daß wir nur Gast auf dieser Erde sind.

Die Seele kann von dieser Erde nichts an Hab und Gut mitnehmen. Nur das, was sie ihren Nächsten an Gegensätzlichem angetan hat – und auch der Mutter Erde mit ihren Tieren, Pflanzen und Mineralien –, trägt sie in ihren Seelenhüllen mit sich, wenn sie ins Jenseits hinüberwechselt.

Viele Menschen trachten immer noch nach Ansehen, nach Vermögen und Wohlstand. Für die Mehrzahl ist das der Sinn und Zweck ihres Lebens. Höhere Werte, die ein Menschengeschlecht wertvoll machen würden, schwinden immer mehr. Mehr oder weniger ist jeder sich selbst zum Nächsten geworden.

Auch das Religiöse, das von kirchlichen Denkmustern geprägt ist, belebt das Lebensgefühl des heutigen Menschen kaum. Die Gebundenheit an leere, äußere – z.B. liturgische – Abläufe und die Veräußerlichung allgemein führte zur Gleichgültigkeit dem Geistigen, dem Inneren Leben, gegenüber. Jahr für Jahr die gleichen Verse! Das anschließend daraus gepredigte „Christenwort" ist vielfach zur Floskel geworden und für so manchen Hörer eine Absurdität, mit der er nichts anzufangen weiß. Sein – oft uneingestandenes – Fazit: Nichts als Schall und Rauch!

Der kirchliche Weih-Rauch ist schon so weit vorgedrungen, daß vielen auch der Name „Christus" oder „Gott“, der allumfassende Geist, nichts mehr sagt.

Leider ist immer noch die Ansicht weit verbreitet, Christus und Gott seien einzig mit der kirchlichen Institution gleichzusetzen.

Doch die scheinchristliche Botschaft gleicht einem Orakel, das man nicht deuten kann, so daß man sich schon lange nicht mehr bemüht zu fragen: Wer ist Gott? Wo und wie kann ich Gott finden? – Warum auch? Manch einer meint: „Dafür hat man die Priester, die Pfarrer und die Theologen, die Gott studiert haben und schließlich um Ihn wissen müßten. Sie sagen mir, was Gott will. Und ich tue – so recht und schlecht jedenfalls –, was die Priester sagen. Das wird dann schon richtig sein.“

Jesus, der Christus, sprach jedoch sinngemäß: *„Wenn ihr nicht umkehrt und wie die Kinder werdet, könnt ihr nicht in das Himmelreich kommen.“* Er sagte nicht: Wenn ihr nicht auf den Rabbi – den Priester, den Pfarrer, den Pastor – hört, könnt ihr nicht in das Himmelreich kommen.

Wer kein analytischer Denker ist, dem fällt es schwer, unvoreingenommen abzuwägen. Manch einer jedoch, der die Kirchengeschichte näher beleuchtet hat, fragt sich, ob die Theologen überhaupt etwas von Gott wissen oder ob man Gott überhaupt studieren kann. Und so mancher kommt zu dem Ergebnis: Sollte man Gott studieren können, dann hätte Jesus ein Theologe, also ein Rabbi, sein müssen. – Jesus sprach aber nicht für die Theologie. Er war kein Rabbi, ganz im Gegenteil, denn Er sagte sinngemäß: *„Ihr sollt euch nicht Rabbi nennen lassen; denn nur einer ist euer Meister, ihr alle aber seid Brüder.“*

Von Jesus sind sogar ungewöhnlich deutliche Worte gegen die Pharisäer und Schriftgelehrten überliefert, die Er als „blinde Führer“, als „Heuchler“, als „Nattern- und Schlangenbrut“ und als „blinde Narren“ bezeichnete. Jesus stand auf gegen die Theologie, gegen das Priester- gleich Pfarrertum.

Jesus wollte, daß alle Menschen als gleichwertig gelten. Er war gegen „Mittler“, die sich zwischen Gott und Sein Kind stellen.

Wer tiefer zu denken gelernt hat, wird auch zu dem Ergebnis kommen, daß Gott uns Menschen durch Mose die Zehn Gebote nicht gegeben hätte und Jesus nicht die Lehre der Gottes- und Nächstenliebe, wenn die Theologie das Salz in der Suppe wäre. Wären die kirchlichen Vorschriften und Glaubenslehren für uns Menschen die gottgewollten Lebensanweisungen, so hätte uns Jesus nicht in der Bergpredigt Seine wunderbare und schlichte Lehre gebracht – die Lehre, gegeben für eine höhere Ethik und Moral, um eine bessere Welt werden zu lassen.

Der ewige Geist, Gott, zeigte uns Menschen in Seinen Weisungen, in Seiner Botschaft, den Weg zurück ins Vaterhaus. Es ist der Weg, der der Seele ermöglicht, nach dem Hinscheiden ihres physischen Körpers wieder heimwärts zu wandern. Wohin? Zum Reich Gottes, in die ewige Heimat, von wo sie einst als göttliches Wesen ausging.

Der Beweis dafür, daß Gott und Sein Sohn Jesus, der Christus, nicht das Theologiestudium, das „Gott-Studieren", befürworten, sind unter anderem die Gottespropheten. Sie waren weder Pfarrer noch Priester. Sie gehörten keiner Priesterkaste an, keiner elitären Gruppe innerhalb der menschlichen Gesellschaft, die eine besondere, erhabene Stellung einnimmt. Die wahren Gottespropheten kamen aus dem Volk und mußten ein Leben im Geiste Gottes führen, um den allmächtigen Geist empfangen zu können, der dann durch sie zu den Menschen sprach.

Der Ewige läßt Sich weder in eine Kirche einsperren noch in die traditionelle Liturgie – auch dann nicht, wenn Pfarrer oder Priester liturgische Gewänder tragen, angeblich zu Seiner Ehre.

Jesus von Nazareth schmückte sich nicht mit goldverbrämten Gewändern, um eine „Ehr-Würdigkeit" zu demonstrieren. Das ist „Tradition" der Kirche, entlehnt aus dem Heidentum. Gott möchte, daß wir Menschen uns mit der Tugend der Gottes- und Nächstenliebe schmücken, also gewanden. Gott ist allgegenwärtiger, strömender Geist, aber nicht Tradition. Deshalb ist der Ewige nicht in traditionellen, sakramentalen Abläufen zu finden, und es steht sinngemäß geschrieben: Gott wohnt nicht in Kirchen, die von Menschenhand erbaut sind.

Das spüren heute immer mehr Menschen und fragen: Gibt es einen Gott? Wo ist Gott? Wer ist Gott?

Gott ist der lebendige Quell ewigen Lebens in jedem von uns. Er ist in unseren Seelen und in jeder Zelle unseres Körpers, die Er mit Seinem Odem beatmet. Sein Odem ist das Leben. Wenn der physische Körper hinscheidet, dann nimmt die Seele den Odem – wir sagen: den Atem, das Leben – an sich.

Jeder kann beobachten: Bei der Geburt eines Kindes atmet das Neugeborene ein und tut den ersten Schrei. Damit gibt die Seele zu erkennen: „Nun bin ich in meinem Erdenkörper angekommen."

Scheidet der physische Leib hin, so atmet die Seele ihre physische Hülle, den materiellen Körper, gleichsam von sich. Durch das letzte Ausatmen setzt die Seele ein Zeichen und teilt den umstehenden Menschen mit, daß sie den Odem, das Leben, an sich genommen hat. Die menschliche Hülle ist somit hingeschieden.

In Anbetracht der Abläufe beim Kommen und Gehen der Seele wird uns bewußt, daß die Erde nur eine Durchgangsstation der Seele ist. Jeder Einzelne von uns gehört vielmehr dem ewigen Reich an, der Gott-Vater-Stadt, in der Güte, Liebe und Sanftmut die Quelle der ewigen Schöpfer- und Schöpfungskraft ist, das unumstößliche Gesetz der Himmel.

In jedem Menschenkörper, tief im Urgrund der Seele, ist sein göttliches Wesen, das von Gott, unserem Vater, geschaut und geschaffen wurde, das Kind, der Sohn, die Tochter des Ewigen.

Der Geist der Ewigkeit hauchte dem werdenden göttlichen Wesen das göttliche Erbe ein, das Gesetz der Himmel, das ewige Leben. Dieser geistige Kern unseres innersten Wesens, das in unserem Seelengrund liegt, ist unvergänglich.

Damit unsere Seele wieder zum ewigen Leben, zum Gesetz der Liebe der Himmel, zurückkehren kann, sollten wir Menschen nach dem Gesetz der Himmel leben, und dies in unserem Fühlen, Empfinden, Denken, Reden und Tun. Dazu gehört das Vertrauen Gott, unserem Vater, und Christus, unserem Erlöser, gegenüber. Wer sich Gott anvertraut, der glaubt auch an die Allmacht und Führung Gottes.

Wie schon erwähnt, steht geschrieben: „*So ihr nicht umkehrt und wie die Kinder werdet, könnt ihr nicht in das Himmelreich kommen.*“ Was heißt das für uns Menschen? Kinder gehen an der Hand der Mutter und des Vaters. Sie vertrauen sich den Eltern an.

Glauben wir wahrlich an Gott und bejahen wir Ihn als den allgegenwärtigen Geist der Liebe? Dann müßten wir schrittweise die Gebote Gottes und die Lehren des Jesus, des Christus, befolgen. Jeder, der an die Existenz Gottes glaubt, müßte sich zu seiner

Selbstprüfung eigentlich die Frage stellen, ob er wahrlich gewillt ist, Gottes Willen zu tun und an der Hand des Christus Gottes zum ewigen Vater zu wandern, um ohne lange Umwege als Kind, als Sohn oder Tochter Gottes, ins Vaterhaus einzugehen.

Wer danach ernsthaft strebt, dem dämmert sehr bald, daß er sich ohne Ordnung in seinem Denken und Verhalten immer wieder vom Weg in die Ewigkeit, ins Vaterhaus, entfernt. Es heißt also, Ordnung zu machen – nicht nur in unseren Räumlichkeiten, sondern auch in unseren Gefühlen, Empfindungen, Gedanken, ja in unserem ganzen Verhalten.

Ich bitte, meinen Worten tief in eurem Inneren zu folgen!

Wer Ordnung schafft, gewinnt schon viel. Er wird ruhiger und besonnener. Daraus ergibt sich der nächste Schritt: der Wille Gottes. Was ist der Wille Gottes? Diese Frage beinhaltet bereits die Tat, denn wer Gottes Willen erfüllen möchte, der hält sich an Gottes Gebote und an die Lehren des Jesus, des Christus.

Wer sich daran konsequent orientiert, der richtet sein Leben auf Gott und Seine Gesetzmäßigkeiten aus. Dadurch wird er immer sensitiver, also durchlässiger für die Wahrheit, für das Gesetz der Güte, Liebe und Sanftmut. Das bedeutet, daß er vermehrt aus Gottes Gnadenquell empfängt und weise seine Tage plant, um allmählich als Sohn oder Tochter Gottes aus Gottes ewigem Quell der Liebe zu schöpfen.

Die geistigen Aufgaben, die er sich selbst stellt, um sie zu erfüllen, beflügeln ihn mit der Ernsthaftigkeit.

Diese ist gekennzeichnet von Souveränität, Wachsamkeit, Gerechtigkeit, von Fürsorge und nicht zuletzt von der Erfahrung der schöpferischen Einheit. Dieser Mensch erkennt tief in seinem Herzen, daß alles eine Einheit bildet und kein Wesen aus dem Ozean des Lebens ausgeschlossen ist.

Die Liebe Gottes, die der Ozean des Lebens ist, umfaßt alles Sein, die Wesen in Gott, die Tiere, Pflanzen. Ja, das gesamte reine All-Universum ist Ozean und Ur-Quelle in einem.

Wer an der Hand des Christus Gottes die Schritte zum Königreich des Innersten getan hat, für den ist das Himmelsfenster offen, und er selbst ist zur Rose geworden, zum Gott Liebenden. Er möchte nichts anderes sein als das Kind Gottes, seines ewigen Vaters, Sein Sohn, Seine Tochter.

Wir verstehen nun, warum uns der Ewige aus Seinem Ur-Quell das Hoheitsgesetz übermittelte, die göttliche Ordnung, Seinen Willen, Seine Weisheit und Seinen Ernst.

Wer sein Erdendasein der ewigen Ur-Quelle, der Schöpferkraft GOTT geweiht hat, der ist zu einem ethisch und moralisch höherstehenden Menschen geworden. Seine Gefühle, Empfindungen, Gedanken, Worte und Taten beinhalten mehr und mehr die Selbstlosigkeit, die Gerechtigkeit, die in den vier Schöpfungskräften Ordnung, Wille, Weisheit und Ernst ankern.

In der letzten Ur-Licht-Strahlung hörten wir vom inneren Seelenfenster, das ganz allmählich den Blick in ein lichteres Sein freigibt, durch das der himmlische Rosenduft strömt. Die himmlischen Rosen symbolisieren die Gottes- und Nächstenliebe. Die Nächstenliebe ist ohne die Liebe zu Gott nicht erfüllbar, weil Gott der Ur-Quell der Liebe ist, der die Gottesliebe zum Nächsten mit Seinem Licht belebt.

Denken wir noch einmal an die Jesuworte: „*Wenn ihr nicht umkehrt und wie die Kinder werdet, könnt ihr nicht in das Himmelreich kommen.*“ Wer diese Aussage näher beleuchtet, erkennt unter anderem, daß es ohne Demut, Ehrfurcht und Achtung vor Gott, unserem ewigen Vater, keine Einheit geben kann zwischen Mensch, Tier, Natur, ja Einheit mit der reinen Unendlichkeit.

Unsere Seelenhüllen liegen wie dichte Schleier vor der Wahrheit, vor der Liebe und Einheit, vor unserem göttlichen Erbe. Wer sich das hohe Bewußtsein der All-Einheit nicht erarbeitet hat, das uns Menschen möglich gemacht wurde durch die erlösende und befreiende Kraft Christi, der hat seine Seelenhüllen nicht durchlichtet. Das bedeutet, daß er trotz geistigen Wissens dem Ur-Quell des Lebens nicht nähergekommen ist.

Wer es jedoch mit der Ur-Licht-Strahlung so hielt, wie es uns der Ewige nahebrachte, der hat eine fühlbare, aber auch sichtbare Wandlung erfahren. Sein Gemüt ist lichter und heller, sein Inneres standhafter; Ängste sind gewichen. Sorgen werden hinterfragt, werden mit der Hilfe des Christus Gottes geordnet und, wenn möglich, so weit behoben, daß sich das Gemüt wieder erhellt, weil das Vertrauen zu Gott und Christus standhaft, ja stabil bleibt.

Das wachsende Vertrauen in Gott und Seine Führung erinnern so manchen an die Formulierung der vorigen Ur-Licht-Strahlung: „Die Zügel für mein Dasein habe ich Gott übergeben." Das könnte z.B. für den Einzelnen bedeuten: „Nun fasse ich die Hand meines lieben Vaters, meines treu sorgenden Erlösers Christus, und lasse sie nicht mehr los."

Für Menschen im Geiste der Liebe hat sich das Wort „liebevoll", das viele unangebracht verwenden, in Liebe zur Seele im Nächsten umgewandelt.

Der auf Gott ausgerichtete Mensch heuchelt keine Liebe mehr vor. Er ist dem anderen von Seele zu Seele gut, ohne schmeichelnde Worte zu verwenden. Die Taten sind vielfach Werke für das Reich Gottes, das er in seinem Herzen erahnt, erfühlt und mit dem er verbunden ist. Seine Gebete sind erfüllt von der Liebe zu Gott, seinem Vater, und seine Werke sind Gebete an den Schöpfer, der Seine Schöpfung liebt.

Die Gebete zu Gott, der die Liebe ist, umfangen allmählich die gesamte Seins-Schöpfung. Menschen im Geiste Gottes, der Gottes- und Nächstenliebe, tauchen mehr und mehr in den Ozean der Liebe ein, in das göttliche, all-ewige Gesetz der Liebe. Sie sind daheim im Reich Gottes, in ihrem innersten Wesen, angekommen. Das Seelenfenster ist zur Himmelspforte geworden, durch die die Lieben der Heimat dem Ankömmling mit den Rosen der Liebe entgegenkommen, um ihn sehr bald durch das innere Rosentor zu geleiten.

Liebe Brüder, liebe Schwestern, ist es so mit dem Gott Zustrebenden bestellt, dann hat der Seismograph seine Schuldigkeit getan. Der Mensch, der sich dem Himmelstor nähert, bedarf nun keiner Bewußtseinsstütze mehr – er ist zum Licht des Vaters geworden, zum Sohn und zur Tochter Gottes: ein Wesen der Unendlichkeit. Es ist auf ewig daheim.

Liebe Brüder, liebe Schwestern, ein Ausblick und ein kleiner, bescheidener Einblick für alle, die wahrhaft die Ur-Licht-Strahlung anwendeten und anwenden, die erahnen, was wahre Gottes- und Nächstenliebe bedeutet.

Ich wünsche euch, uns allen, das geöffnete himmlische Rosentor. Gott, unser Vater, wartet sehnlichst auf uns, Seine Kinder.

Lassen wir uns also von Christus, unserem Erlöser, Bruder und Freund, führen.

In der Gottes- und Nächstenliebe verbunden,
Gabriele

Jesus war ein Mann des Volkes - nicht der Kirche!
Zwanglos Gott erleben

Der geistige Revolutionär Christus führte die Menschen in aller Freiheit zu Gott und zeigt heute durch das Prophetische Wort wieder den direkten Weg zu Gott auf. Die Kirche hingegen bindet durch ihre Amtsträger die Menschen an ein selbstgeschaffenes Dogmengebäude, in dem sie an einen Gott zu glauben haben, den Kirchengott. Christus ist nicht der Christus der Kirchenlehre. Zwanglos Gott erleben heißt, den freien Gott erleben, weil wir Menschen freie Wesen im Geiste Gottes sind. Gott zwingt nicht - Gott ist Freiheit! Wir erleben Gott, den Allgeist, in der Natur, im Gespräch, in unserem Denken und vor allem im gemeinsamen Gebet.

In diesem Sinne kommen wir als Brüder und Schwestern zusammen; zwanglos, weil jeder frei ist und frei bleibt; zwanglos ebenfalls, weil es keine Rituale gibt, sondern jede Veranstaltung einen anderen Ablauf hat, so dass wir gemeinsam Gott erleben können. Z.B. beim Hören einer Meditation und anschließendem Gebet für Menschen, Tiere und Natur. Oder wir bitten Christus um die Heilung unserer Seele. Wir lernen in kosmischen Lehrstunden, das Ur-Licht in uns zu finden, u.v.a.m.

Jeden Freitag, 19.30 bis 20.30 Uhr, Einlass bis 19.15 Uhr
Großer Versammlungsraum
Max-Braun-Str. 2, 97828 Marktheidenfeld-Altfeld
und in vielen Orten urchristlicher Begegnung

Bei weiteren Fragen zu Veranstaltungsorten in Ihrer Nähe oder wegen kostenloser Informationen rufen Sie bitte an:

Universelles Leben e.V.
Haugerring 7, 97070 Würzburg
Tel. 0931/3903-0, Fax 0931/3903-301
www.universelles-leben.de